W0040704

Thomas Kellermann

Text: Ingo Swoboda
Fotografie: Bernd Grundmann

Süddeutsche Zeitung Edition

Bibliothek der Köche

Sylt

Heiligendamm

Hamburg

Osnabrück

Hameln

Leipzig

Köln ○ Bergisch Gladbach

Frankfurt am Main

Stromberg   Mainz

Naurath/Wald

Bayreuth

Nürnberg

Zweibrücken

Herxheim

Stuttgart

München

Tegernsee

BERLIN

DIE BIBLIOTHEK DER KÖCHE

INHALT

INHALT

INHALT

INHALT

Ein Bayer in Berlin

Es geht ruhig und gelassen zu in Thomas Kellermanns Gourmet-Küche im Berliner Hotel Ritz-Carlton: kein lautes Klappern von Töpfen und Pfannen, keine aufgeregte Hektik am Herd und keine lauten Töne des Küchenchefs, das ganze Team arbeitet mit einer routinierten Professionalität Hand in Hand und es scheint, als hätten die sieben Köche und ihr Küchenchef in ihrem Leben nie etwas anderes gemacht, als anspruchsvolle Gerichte in einer spielerischen Leichtigkeit auf die Teller gesetzt. Doch dahinter verbirgt sich nicht nur Kompetenz und Erfahrung der Küchenprofis, sondern vor allem die Klasse eines jungen Kochs, der motivieren und führen und seine Crew zu abendlichen Höchstleistungen anspornen kann.

Der lange Weg nach Berlin beginnt in Weilheim, einer kleinen Stadt in Oberbayern, in der Thomas Kellermann im November 1970 das Licht der Welt erblickt, geboren in eine alteingesessene Gastronomenfamilie, die seit Jahrzehnten erfolgreich Wirthäuser betreibt und sich der bodenständigen bayerischen Landküche verschrieben hat. Von Kindesbeinen an erfährt Thomas Kellermann den Rhythmus der Gastronomie, lernt ihre Eigenarten, Besonderheiten und ihren zeitlichen Aufwand kennen und spürt sehr früh, was es heißt, Gäste auch an Sonn- und Feiertagen zu bewirten. Sein Vater hatte als Koch im legendären Restaurant „Erbprinz" in Ettlingen bei Karlsruhe gearbeitet und bringt seine Erfahrungen in der Spitzengastronomie in den renommierten Familienbetrieb

ein. Thomas Kellermann ist schon früh in den Ablauf der elterlichen Gastronomie eingebunden, und während seine Schulkameraden Zeitungen austragen, hilft er im Service, spült, wenn Not am Mann ist, die Gläser und verdient sich sein Taschengeld am Zapfhahn. Es ist eine unbeschwerte Kindheit inmitten einer florierenden Gastronomie, in der das Mithelfen zu Hause selbstverständlich ist, auch wenn es oft genug zu Lasten der Freizeit geht, die neben der Schule bleibt. Dennoch ist der Wunsch, in die Fußstapfen des Vaters zu treten, um eines Tages den Familienbetrieb zu übernehmen, noch in weiter Ferne. Fußballstar oder Tennisprofi liegen da schon eher auf der Lebensplanung des jungen Kellermanns, gute Ansätze sind da, aber das Talent reicht nicht aus, um sich ins harte und unerbittliche Sportgeschäft zu stürzen.

Das Interieur des „Vitrum", ausgestattet mit edelstem Marmor, vermittelt eine spielerische Leichtigkeit, die das luxuriöse Ambiente angenehm unaufdringlich erscheinen lässt

Münchner Lehrjahre

Die Entscheidung, eine Kochlehre zu beginnen, reift nach dem Abschluss der Schule und Thomas Kellermann beginnt seine Kochkarriere im Hotel „Holiday Inn" in München. Was aus heutiger Sicht vielleicht unspektakulär klingt, ermöglichte es dem jungen Kellermann, neben einer soliden Grundausbildung in der Küche auch Einblicke in das Hotelgeschäft zu bekommen. Kellermann arbeitet in seiner Lehre nicht nur am Herd, sondern durchläuft alle Stationen, die das Hotelgeschäft in der quirligen bayerischen Landeshauptstadt zu bieten hat. Der Teamgeist im Hotel ist gut, der junge Küchenchef ist ein ambitionierter Koch, der Kellermann nicht nur die Basis der Kochkunst zeigt, sondern auch mit neuen Ideen frischen Schwung in die Hotelküche bringt. Thomas Kellermann

lernt schnell das profunde Kochhandwerk kennen, was letztendlich als fertiges Gericht auf dem Teller präsentiert wird, ist das Ergebnis eines langen Arbeitsprozesses am Produkt, der in den frühen Morgenstunden beginnt. Doch Thomas Kellermann möchte weiter und für einen Moment lang steht eine Position im Hotelmanagement im Focus des jungen Kochs, die genauso schnell verworfen wird. Kellermann hat längst den Ehrgeiz entwickelt, in die Geheimnisse der Kochkunst einzusteigen und entscheidet sich gegen die Karriere im dunklen Anzug und für die weiße Kochjacke. Aber wo fängt die Kochkunst an, an welcher Stelle beginnt die Kreativität des Kochs und wie kann sie unter Wahrung des primären Geschmacks eines Produktes so eingesetzt werden, dass Kreativität nicht zur Effekthascherei ausartet. Kellermann sucht Antworten und beschließt, nach der Lehre auf die Wanderschaft zu gehen. Nach seiner

Thomas Kellermanns Küche ist eine durchdachte Gaumen-Symphonie aromatischer und geschmackvoller Zutaten, die durch Kreativität fern von jeder Effekthascherei überzeugt

Ausbildung in München und der Bundeswehrzeit in Mittenwald wechselt Kellermann auf Anraten seines Vaters im August 1991 in den „Erbprinzen". Die glorreichen Zeiten des Restaurants sind zwar vorbei, doch gut gekocht wird in dem einstigen Flaggschiff der deutschen Spitzengastronomie noch immer. Kellermann bekommt in Ettlingen Einblicke in die feine Küche, sein Talent und sein untrügliches Gespür für das Machbare auch außerhalb eingefahrener Wege geben ihm genügend Anreiz, seinen Kochstil kontinuierlich zu verbessern und seinen eigenen Weg Schritt für Schritt zu finden. Kellermann sucht nach dem großen Lehrmeister, nach einem Vorbild, das seiner Idee vom Kochen und feiner Küche am nächsten kommt und bewirbt sich bei Eckart Witzigmann. Dessen Aufstieg beginnt Anfang der 1970er Jahre im Münchner Restaurant „Tantris", einige Jahre später eröffnet er sein Gourmet-Restaurant „Au-

bergine" und wird kurz darauf als erster deutschsprachiger Koch mit den drei begehrten Sternen des Guide Michelin ausgezeichnet. Witzigmanns Küche gilt als Kaderschmiede der Kochkunst, wie keiner vor ihm hatte er die deutsche Kochszene nachhaltig beeinflusst und geprägt. Auch für den jungen Thomas Kellermann ist das „Aubergine" eine Wunschstation, doch der Meisterkoch hat keinen freien Platz und gibt Kellermann einen handgeschriebenen Zettel, auf dem 20 Top-Adressen notiert sind. In mindestens einer Küche seiner Kollegen soll Kellermann vor einem Engagement im „Aubergine" arbeiten, dann würde man weitersehen. Kellermann ist erstaunt, auf dem Zettel, den er bis heute wie seinen Augapfel hütet, stehen alle großen Köche quer durch die Republik. Lothar Eiermann ist einer von ihnen, und der renommierte Küchenchef des Wald- und Schlosshotels Friedrichsruhe in Öhringen stellt Kellermann für seine Gourmet-Küche ein. Eiermann ist ein strenger Chef, der seine Vorstellungen durchsetzt und von seinen Köchen in jeder Situation Perfektion erwartet. Die fachliche Kompetenz von Lothar Eiermann ist unbestritten, der Meisterkoch gehört zu den Großen seiner Zunft und Thomas Kellermann geht durch eine harte, aber lehrreiche Schule, die ihn in seiner weiteren Karriere nachhaltig prägt. Im April 1994 verlässt Kellermann als Demi-Chef das Wald- und Schlosshotel Friedrichsruhe, um jetzt sein ursprüngliches Ziel in München zu verwirklichen. Doch Witzigmann hat die „Aubergine" verlassen und sich aus dem aktiven Kochleben verabschiedet. Mit etwas Wehmut über die verpasste Chance bewirbt sich Kellermann bei Hans Haas im „Tantris", Witzigmanns erste Wirkungsstätte in München, und wird angenommen.

Nach der Wiedervereinigung nimmt das deutsche Parlament seinen Sitz im alten Reichstagsgebäude

Feinschliff bei Hans Haas

Was Kellermann in der Küche von Haas vorfindet, fasziniert ihn von Anfang an. Der freundliche Umgangston und die menschliche Art des Küchenchefs schaffen ein freundliches Arbeitsklima, das kollegiale Miteinander ist das Fundament für Kreativität und Innovation in der Küche. Hans Hass wird im Laufe der Jahre für Thomas Kellermann zum wichtigsten Lehrmeister, der ihn seinen eigenen Stil behutsam weiterentwickeln lässt und ihm gleichermaßen immer mit Rat und Tat zur Seite steht. Unter seiner Regie lernt Kellermann feine und feinste Geschmacksnuancen aus dem Produkt herauszuarbeiten, den filigranen Aspekt eines Gerichtes genauso zu schätzen wie die aufwendige oder bodenständige Zubereitung. Haas' Küche gewährt Kellermann einen tiefen Einblick in die Vielfalt der Natur und die daraus entstehenden

Möglichkeiten der Kochkunst. Sechs Jahre arbeitet er neben Haas am Herd im „Tantris", schon nach einem Jahr macht ihn der Küchenchef zu seinem Stellvertreter. Aus dem einstigen Lehrer und Schüler sind längst Freunde geworden, wenn es die Zeit erlaubt, geht es mit den Familien einmal im Jahr zum gemeinsamen Skifahren in die Berge.

Eine Insel ohne Berge

Nach langen und guten Jahren an der Seite von Hans Haas sucht Thomas Kellermann im August 2000 neue kochende Herausforderungen und zieht auf die Insel Sylt. Nur wenige Schritte vom ebenso gefährdeten wie bizarr geformten Morsum-Kliff entfernt, liegt das reetgedeckte Landhaus Nösse,

THOMAS KELLERMANN

in dem Kellermann zum ersten Mal in seiner Karriere als Chef die alleinige Verantwortung für die Küche übernimmt. Die Arbeitstage sind lang und hart, in der Saison, in der die Nordseeinsel von Gästen förmlich überlaufen wird, gibt es keinen einzigen freien Tag für die Mannschaft am Herd. Die Stimmung in der Küche ist dennoch gut, Thomas Kellermann mental und fachlich bestens für seine verantwortungsvolle Aufgabe gerüstet und das Team motiviert. Doch Sylt zeigte dem Bayer auch sein anderes, sein raues Gesicht. Vor allem im Herbst und Winter, wenn die kalten Winde und der Regen über die Insel peitschen, wird es leerer auf der Insel, schleicht sich eine drückende Einsamkeit durch die Touristenorte und die bayerischen Berge scheinen noch weiter entfernt als in klaren, sonnigen Tagen.

Berlin ruft

Heimweh und die Lust aufs Skifahren sind es nicht, die Thomas Kellermann letztendlich dazu bewegen, auf Sylt die Segel zu streichen und im September 2001 die Insel zu verlassen. Vielmehr ist es der Lockruf der auferstehenden Metropole Berlin, die gerade für junge und ambitionierte Köche neue Chancen bietet. Dort, wo eine halbe Großstadt aus dem Dornröschenschlaf erwacht und sich nach Jahren der Trennung zu einer gemeinsamen Hauptstadt entwickelt, ist ausreichend Platz für jede Art von Gastronomie, aber auch Platz für Enttäuschungen. Kellermann wagt den Sprung in die boomende Hauptstadt und startet seine Berliner Zeit im Restaurant „Portalis". Hier bestimmt er als „Maître de Cuisine" die fantasievollen Kreationen, die den Gästen serviert werden. Das Restaurant in der Kronenstraße gehört schnell zu den Gourmet-Tipps der Stadt, heimst eine Auszeichnung nach der anderen ein, aber der angepeilte wirtschaftliche Erfolg bleibt letztendlich aus. Kellermann lässt sich

davon nicht entmutigen, bleibt in Berlin und bekommt die Chance, im neu eröffneten Luxushotel Ritz-Carlton am wiederbelebten Potsdamer Platz das Gourmet-Restaurant „Vitrum" als Küchenchef zu übernehmen. Es ist ein verlockendes Angebot und Thomas Kellermann greift zu. Das war im November 2003, heute gehört das Restaurant zu den besten kulinarischen Adressen der Hauptstadt.

Kulinarische Höhenflüge im Vitrum

Thomas Kellermanns Küche ist die bestmögliche Quintessenz aus seinen Lehrstationen, eine durchdachte Gaumen-Symphonie aromatischer und geschmackvoller Zutaten, eine leichte Küche, die keineswegs ausschließlich auf so genannte Luxusprodukte setzt, sondern kulinarische Spannung vielmehr durch Kreativität erzeugt und fern

ist von jeder Effekthascherei. Gemüse und Kräuter stehen dabei bewusst im Vordergrund, werden von Kellermann, seinem Sous-Chef Oliver Ante und dem Küchen-Team mit Zubereitungsgeschick und innovativen Kombinationen aus dem Schatten der Beilage befreit und sehr pointiert in den geschmacklichen Mittelpunkt gesetzt. Kein Wunder, dass Kellermann auch ein vegetarisches Menü anbietet, das über gekochtes Gemüse und langweilige Dips erhaben ist, dagegen konfierte und roh marinierte Rote Bete mit Sauerrahm und Curry vereint, Schaum und Essenz von der Steckrübe mit Beilagen von Meerrettich und Trüffel auf die Teller bringt und zum Abschluss mit geschmorten Quitten, Ziegenkäseschaum und Kaffee glänzt. Doch man muss kein Vegetarier sein, um im „Vitrum" die Klasse von Thomas Kellermanns Küche genießen zu können, auch seine bemerkenswerte klassisch-moderne Küche steckt voller Ideen. Der kleine Eintopf mit Heilbutt und flüssigem Trüffelravioli, die geschmorten Lamm-Spare-Ribs mit Navetten und Chutney von Trockenfrüchten oder die Gelbschwanzmakrele mit Kapernmarinade, violetten und gelben Karotten und Ziegenkäsewaffeln sind gleichsam spannende Geschmacks-Kombinationen. Schweinebraten und Knödel sucht man auf der Speisenkarte allerdings vergeblich, die isst Kellermann am liebsten in Bayern, für die private Küche zu Hause ist seine Frau Susanne zuständig. Die kommt aus Berlin und Thomas Kellermann hat in der Hauptstadt nicht nur sein berufliches, sondern auch sein privates Glück gefunden.

In seiner Architektur ist das Hotel Ritz-Carlton eine Reminiszenz an die große Zeit der Art-Déco-Hochhäuser in den USA

Berliner hat tausend
Gesichter, hundert Profile
und unzählige Facetten,
ist eine Großstadt unter
vielen, aber in ihrer
Wirkung doch einzigartig

Die Straße des 17. Junis mit
der „Goldelse" auf der Sieges-
säule führt schnurgerade
 auf das Brandenburger
Tor, dahinter liegt die neu
erstandene Mitte mit dem
restaurierten architekto-
nischen Gesamtkunstwerk
Gendarmenmarkt

Berlin bleibt doch Berlin

S ie ist vielleicht nicht die schönste, auch nicht die glanzvollste unter den Metropolen dieser Welt. Aber sie ist eine der interessantesten und großartigsten Städte, ein pulsierender Kosmos unterschiedlichster Kulturen und Sehnsüchte, eine farbenfrohe Mischung, die den Spagat zwischen dem berlinerischen Berlin und dem internationalen Berlin beherrscht, eingebettet in die knisternde Stimmung der zusammenwachsenden Stadt, die in ihrem Anspruch, Metropole zu sein, unersättlich scheint. Berlin ist heute mehr denn je ein bedeutendes Zentrum der Politik, Medien, Kultur und Wissenschaft in Europa und eine der meistbesuchten Städte des Kontinents, gibt sich genusssüchtig und weltmännisch, zeigt sich mal von ihrer liebenswerten provinziellen Seite oder kehrt ihre Internationalität heraus. Die Stadt hat tausend Gesichter, hundert Profile und unzählige Facetten, ist eine Großstadt unter vielen, aber in ihrer Wirkung doch einzigartig. Denn Berlin ist auch ein Gefühl, eine unverwüstliche Seele, die alle Stürme der Geschichte überstanden hat, nicht ohne Spuren, aber dennoch ohne Resignation.

Stadtkarriere unter den Preußen

Ihren Aufstieg in die Liga bedeutender Städte erlebt Berlin unter den Preußen, die um eine repräsentative Residenz bemüht sind und nach und nach Berlin mit königlichen Prachtbauten bereichern. Friedrich I., König von Preußen, lässt Anfang des 18. Jahrhunderts das heutige Schloss Charlottenburg westlich der Stadt ausbauen, fast zeitgleich wird das Berliner Schloss zu einer Prunkresidenz erweitert. Mit seiner Prunksucht ruiniert er zwar die Kassen des Staates, kann aber auch aus Geldnot keine Kriege führen. Dafür widmet er sich den schönen Künsten und der Wissenschaft, unter seiner Regentschaft werden die Aka-

Unter dem Eindruck der Wiedervereinigung erwacht die Stadt zu neuem Leben

*Wie keine andere Stadt auf
der Welt bekommt Berlin
innerhalb kürzester Zeit
ein neues Gesicht, das den
Aufbruch in eine neue Epoche
versinnbildlicht*

aufstrebende Stadt, Berlin wird zu einem facettenreichen Schmelztiegel unterschiedlicher Kulturen, die nach und nach in einer Berliner Mentalität aufgehen. Die Stadt wächst, Ende des 18. Jahrhunderts wird die Stadtmauer in Stein neu errichtet und das neue Brandenburger Tor gebaut, bis heute das bekannteste Wahrzeichen Berlins. Nur wenige Jahre später marschiert Napoleon Bonaparte an der Spitze seiner Truppen in Berlin ein, dennoch halten allmählich demokratische Reformen Einzug in die Stadt und Berlin bekommt eine Selbstverwaltung. 1809 finden die ersten Wahlen zum Berliner Stadtparlament statt, bei der allerdings nur gut situierte männliche Bürger stimmberechtigt sind. 1810 wird die Berliner Universität gegründet, zeitgleich erscheint die erste Berliner Tageszeitung, die von Heinrich von Kleist herausgegebenen Berliner Abendblätter.

Glanz und Elend im Kaiserreich

Mit der industriellen Revolution steigt auch die Einwohnerzahl, Berlin wird nach London, Paris und Sankt Petersburg die viertgrößte Stadt Europas. Im Laufe der folgenden Jahrzehnte entwickelt sich Berlin immer weiter über die alten Stadtgrenzen hinaus, 1861 wird das Stadtgebiet durch die Eingemeindung von Wedding und Moabit, Tempelhof und Schöneberg erweitert. Mir der Proklamation des Deutschen Reiches im Spiegelsaal von Versailles wird Berlin zur Hauptstadt des neuen Deutschlands, die Stadt ist inzwischen auf rund 800 000 Einwohner angewachsen. 1884 wird mit dem Bau des Reichstagsgebäudes begonnen, zehn Jahre später erfolgt die feierliche Einweihung. Die Stadt avanciert zum gesellschaftlichen und kulturellen Zentrum des jungen Kaiserreiches, im Südwesten und Westen Berlin entstehen groß-

demien der Wissenschaft und Künste von Leibniz in Berlin gegründet. Sein sparsamer Sohn und Nachfolger Friedrich Wilhelm dagegen geht als Soldatenkönig in die Geschichte ein und baut Preußen zu einer bedeutenden Militärmacht aus. Im Jahre 1709 zählt Berlin rund 55 000 Einwohner, von denen 5000 in der Armee dienten, fünfzig Jahre später waren es bereits 100 000 Einwohner bei 26 000 Soldaten. Mit Friedrich dem Großen wurde Berlin Mitte des 18. Jahrhunderts zu einem europäischen Zentrum der Aufklärung, Voltaire und Moses Mendelssohn die bekanntesten philosophischen Vertreter dieser Berliner Epoche. Gleichzeitig zieht es Händler und Handwerker aus allen europäischen Staaten in die

zügige und weit ausgedehnte Villen für das wohlhabende Bürgertum. Gleichzeitig werden in Kreuzberg, am Prenzlauer Berg, in Friedrichshain und Wedding Mietskasernen errichtet, um billigen Wohnraum für die Arbeiter zu schaffen.

Goldene Zwanziger und Untergang

Der Erste Weltkrieg, die anschließende Novemberrevolution mit dem Sturz der Monarchie und die Proklamation der Republik bedeuten nur eine kurze Zäsur in der boomenden Stadtentwicklung, die „Goldenen Zwanziger" werden noch einmal zur Glanzzeit der Metropole. Berlin wächst in diesen Jahren zur größten Industriestadt Europas heran, fast vier Millionen Menschen leben im Ballungsraum rund um das Zentrum. 1924 nimmt der Flughafen Tempelhof seinen Betrieb auf, im gleichen Jahr findet die erste Funkausstellung auf dem Messegelände statt. Prominente wie der Architekt Walter Gropius, der Physiker

Albert Einstein, der Maler George Grosz, Schriftsteller wie Arnold Zweig, Bertold Brecht und Kurt Tucholsky sowie Schauspieler und Regisseure wie Marlene Dietrich, Friedrich Wilhelm Murnau und Fritz Lang machen Berlin zum kulturellen Zentrum Europas. Berlin ist eine Stadt, die niemals schläft, das Nachtleben legendär. Mit der Machtübernahme der Nationalsozialisten beginnt das traurigste Kapitel der Stadt, die Olympischen Sommerspiele 1936 sind nur eine inszenierte Kulisse vor dem brutalen Schrecken, der mit der Judenverfolgung längst den Alltag der Berliner erreicht hat. Im Bombenhagel des Zweiten Weltkrieges werden Teile der Innenstadt komplett zerstört, am 2. Mai 1945 kapituliert Berlin vor der Roten Armee, die nach letzten Straßenkämpfen in die Stadt einmarschiert. Aufgeteilt in vier Besatzungszonen, wird Berlin als geteilte Stadt Symbol des untergegangenen alten Europas, mit dem Mauerbau 1961 quer durch die Stadt scheint auch die endgültige Teilung Deutschlands besiegelt. Doch die Geschichte hat anders entschieden, keine 30 Jahre nach ihrem Bau fällt die trennende Mauer und vereint Ost- und Westberlin zur neuen Hauptstadt des wiedervereinten Deutschlands.

Das im klassizistischen Stil erbaute Schloss Bellevue ist heute offizieller Sitz des Deutschen Bundespräsidenten

Das neue alte Berlin

Unter dem Eindruck der Wiedervereinigung erwacht die Stadt zu neuem Leben, mit dem

Status der Hauptstadt kommt zunehmend die Internationalität zurück in die Stadt, rund um das Brandenburger Tor entstehen prachtvolle Botschaftsgebäude, das deutsche Parlament nimmt seinen Sitz im alten Reichstagsgebäude mit Blick auf das gegenüberliegende neue Kanzleramt. Vor allem in den Ostbezirken Berlins werden nach und nach die verbliebenen historischen Gebäude bis hin zum architektonischen Gesamtkunstwerk Gendarmenmarkt renoviert und restauriert und ganze Stadtviertel neu gestaltet. Wie keine andere Stadt auf der Welt bekommt Berlin innerhalb kürzester Zeit ein neues Gesicht, das die Spuren seiner Geschichte trägt und gleichsam den Aufbruch in eine neue Epoche versinnbildlicht. Doch Berlin bleibt auch das Berlin der Bezirke, die innerhalb der

Die Ruine der Kaiser-Wilhelm-Gedächtnis-Kirche, eingerahmt im Spannungsfeld modernerer Architektur, steht als Mahnmal gegen den Krieg

Stadt eine eigene kleine Welt bilden. Es ist das Berlin der kleinen Leute, eine Ansammlung von neu gegründeten und traditionsreichen Handwerksbetrieben, kleinen gemütlichen Cafés, einer unüberschaubaren Vielfalt an Restaurants mit einem gleichsam unüberschaubaren Angebot an Speisen aus aller Welt und natürlich den legendären Eckkneipen, in denen Berliner Spezialitäten wie „Berliner Schweinshaxe mit Erbsenpüree" und „Bouletten" aufgetischt werden, deren seltsamer Namen auf die vor über 300 Jahren nach Berlin gezogenen Hugenotten zurückgeht. Dazu trinkt man „Berliner Weiße", eine markenrechtlich

geschützte Spezialität aus Weizenbier, die mit einem Schuss Waldmeister- oder Himbeersirup versüßt wird. Ob die „Currywurst" tatsächlich eine Berliner Erfindung ist, wird zumindest im Ruhrgebiet bestritten. Die Berliner stört das wenig, sie haben Herta Heuwer, die im September 1949 zum ersten Mal an ihrem Imbissstand in Berlin-Charlottenburg gebratene Brühwurst mit einer Sauce aus Tomatenmark, Currypulver, Worcestershiresauce und weiteren Zutaten kreiert und verkauft hat, eine Gedenktafel gewidmet.

Ritz-Carlton am Potsdamer Platz

Doch die symbolträchtigste Versinnbildlichung der Neuerschaffung Berlins ist die gewagte Architektur des Potsdamer Platzes. Einst der belebteste Verkehrsknotenpunkt Europas, lag das Gelände während der Teilung der Stadt unbebaut und brach im Grenzgebiet, doch spätestens nach der Wiedervereinigung

stellte sich die Frage, wie die traditionelle Klammer zwischen dem östlichen und dem westlichen Zentrum Berlins in Zukunft aussehen soll. Während der 1990er Jahre wurde der Potsdamer Platz zur „größten Baustelle Europas" und es entstand aus unterschiedlichen Gebäudekomplexen ein faszinierendes Ensemble moderner Großstadtarchitektur. Eines der markantesten Gebäude am neuen Potsdamer Platz ist das Hotel Ritz-Carlton, in seiner Architektur eine Reminiszenz an die große Zeit der Art-Déco-Hochhäuser in den USA, die in ihrer himmelstrebenden Größe einen Aufbruch in die Moderne darstellen, sich gleichzeitig an die klassisch europäische Baukunst anlehnen. Die Fassade aus hellem Sandstein verleiht dem Gebäude Gewicht und Leichtigkeit zugleich und schafft einen deutlichen Kontrast zu den übrigen Stahl- und Glasbauten des Potsdamer Platzes. Ganz im Stil eines luxuriösen Grand Hotels ist das Interieur des Hotels gestaltet, eine Hommage an das Spätempire mit antiken Dekorationselementen, edlen Hölzern, Marmor, Messing und den eigens für das Hotel gefertigten Möbeln, die sich harmonisch in das innenarchitektonische Gesamtkonzept einpassen. Über zwei Etagen führt die beeindruckende Freitreppe in der einladenden Hotelhalle, die Proportionen sind stimmig gestaltet und verbreiten ein spürbares Wohlfühlambiente, das dem Hotel einen besonderen Charme verleiht.

Gourmet-Restaurant „Vitrum"

Auch das Gourmet-Restaurant „Vitrum" trägt diese Handschrift, ausgestattet mit edelstem Marmor aus Italien bekommt es durch die großen Kronleuchter und den spiegelverzierten Säulen eine spielerische Leichtigkeit, die das luxuriöse Ambiente angenehm unaufdringlich erscheinen lässt. Das „Vitrum", dessen

Vor allem in den Ostbezirken Berlins werden nach und nach die verbliebenen historischen Gebäude renoviert und restauriert und ganze Stadtviertel neu gestaltet

Name von dem lateinischen Wort für Glas abgeleitet ist, bietet 48 Gästen Platz, doch wer sich in Thomas Kellermanns Restaurant auskennt, reserviert den so genannten „Chefs Table". Der befindet sich mitten in der Gourmet-Küche und erlaubt es, den Köchen bei der Arbeit nicht nur über die Schulter, sondern auch in die Töpfe und Pfannen zu schauen. Eine durchaus interessante und abendfüllende unterhalt-

same Perspektive, die der sternegekrönte Küchenchef und seine Crew gleichsam schätzen, ohne sich dabei von ihrer anspruchsvollen Präzisionsarbeit abhalten zu lassen. Das Konzept des Chefs ist erfolgreich, so hautnah erleben bis zu 13 Gäste jeden Abend die Abläufe einer perfekt durchorganisierten Küche, die neben besten Fleisch- und Fischqualitäten – bevorzugt aus Havel und Ostsee – vor allem auf frisches Gemüse und frische Kräuter setzt. Die Qualitäten sucht Kellermann selbst aus, kritisch und anspruchsvoll prüft er die Ware, die er zum Teil auf dem Winterfeldmarkt am Winterfeldplatz findet, ansonsten aus dem nahen Berliner Umland liefern lässt. Die

Wahl des richtigen Weines zur innovativen und kreativen Küche von Kellermann ist nicht ganz einfach, doch mit Rakhshan Zhouleh steht dem Küchenchef ein erfahrener Sommelier zur Seite, der sich in der facettenreichen Welt der Weine bestens auskennt und seinen Service als Bühne nutzt, um die empfohlenen Gewächse gekonnt in Szene zu setzen. Weine aus dem Bordelais und dem Burgund gehören zu seinen Favoriten, doch Zhouleh ist flexibel, schließlich hat er mehr als 500 verschiedene Positionen in seinem Weinkeller zur Auswahl. Die beiden sind ein ideales Team und das harmonische Zusammenspiel zwischen der ausgeprägt leichten und aromatischen Küche von Thomas Kellermann und den dazu passenden Weinempfehlungen von Rakhshan Zhouleh machen das „Vitrum" zu einem kulinarischen Gesamtkunstwerk der Extraklasse.

Berlin ist heute mehr denn je ein bedeutendes Zentrum der Politik, Medien, Kultur und Wissenschaft in Europa und eine der meistbesuchten Städte des Kontinents

Vorspeisen

Leicht geräucherter Aal mit Charentais-Melone
Trüffel Panna Cotta mit Madeira-Gelee
Gelbschwanzmakrele mit Kapernmarinade
Langustinogelee mit konfiertem Kalb
Taschenkrebstatar mit Paprikaconfit

Leicht geräucherter Aal
mit Charentais-Melone

mit Pommery-Senf und Dill

1. Den Aal filieren, die Haut abziehen, entgräten und die Fettschicht abschaben. In 18 gleich große Stücke portionieren.

2. Das Eigelb mit den verschiedenen Senfsorten, braunem Zucker, Salz und Essig vermischen und im Mixer unter Zugabe des Öls zu einer Mayonnaise verarbeiten. Die Aalstücke auf der Innenseite (Grätenseite) mit der Senfsauce einstreichen.

3. Den Dill samt Stängel klein schneiden. In einer Moulinette zusammen mit dem Öl und Salz fein mixen. Durch ein feines „Strumpfsieb" passieren. Das Dillöl kurz erwärmen und das Glice darin auflösen. Auf Eiswasser kalt rühren. Das Glice ist ein Bindemittel, welches nur im Fachhandel erhältlich ist, kann aber zur Not auch weggelassen werden.

4. Die Gelatine in kaltem Wasser einweichen. Geflügelbrühe erwärmen, die Gelatine ausdrücken und darin auflösen. Auf ein flaches Blech ausgießen und erkalten lassen. Kurz vor dem Anrichten Rechtecke in der Größe der Aalstücke ausschneiden. Den Dill zupfen, fein hacken und auf das Gelee geben.

5. Die Melone schälen und in ca. 1 cm dicke Scheiben schneiden. Danach in Rechtecke in Größe der portionierten Aale schneiden. Die Melonenstücke in einer Teflonpfanne „ohne Öl" auf einer Seite scharf anbraten. Mit grünem Pfeffer würzen. Die Melonenstücke auf die Aalstücke setzen.

6. Kartoffeln schälen und entsaften. Kartoffelsaft in einen Topf geben und unter ständigem Rühren die Masse erhitzen, bis sie dickflüssig wird. Auf einer Backmatte hauchdünn aufstreichen und über Nacht (ca. 12 Std.) bei 40 °C trocknen. Die Masse abziehen, in Vierecke schneiden und 2 Stunden trocknen lassen, bis sie „crisp" sind.

7. Die Senfsauce mit Hilfe eines Pinsels auf einen Teller aufstreichen. Das Gelee daraufgeben und die Aal-Melonen-Stücke daraufsetzen. Die Chips auf die Aal-Melonen-Pakete platzieren und mit Dillemulsion garnieren.

Für 6 Personen

1 Aal, ca. 800 g, leicht geräuchert (sollte nicht zu intensiv nach Rauch schmecken)

Senfsauce
1 Eigelb
3 EL Bautzner mittelscharfer Senf
1 EL Dijon-Senf, fein
1 EL grober Pommery-Senf
1 EL Händlmaier süßer Senf
1 TL englisches Senfpulver
3 EL brauner Zucker
1 Schuss Sherry-Essig
Salz
300 ml Traubenkernöl

Dill-Emulsion
1 Bund Dill
200 ml Maiskeimöl
etwas Salz
evtl. 7 g Glice

Dill-Gelee
1 Blatt Gelatine
100 ml starke Geflügelbrühe
½ Bund Dill

Charantais-Melone
1 Melone
ca. TL grüner Pfeffer, gemörsert

Kartoffelchips
½ Süßkartoffel
2 Stück festkochende Kartoffel

Trüffel Panna Cotta

mit Madeira-Gelee und Amarettini

Für ca. 40 kleine Würfel

Trüffel Panna Cotta
1 ½ Blatt Gelatine
100 g griechischer Joghurt
weiße Trüffelpaste und etwas
Trüffelöl
Salz
100 g geschlagene Sahne

Madeira-Gelee
1 l Madeira
50 g schwarzer Trüffelsaft
4 Blatt Gelatine
100 g Amarettini

1. Die Gelatine in kaltem Wasser einweichen. Den Joghurt mit Trüffelpaste, Trüffelöl und Salz abschmecken. Die Gelatine ausdrücken, in einem Teil des Joghurts unter leichtem Erwärmen auflösen. Dann mit der restlichen Joghurtmasse vermengen und die geschlagene Sahne unterheben. In eine rechteckige oder runde tiefe Form füllen und für ca. 3 Stunden kühl stellen.

2. Den Madeira auf 150 ml reduzieren und dann mit Trüffelsaft abschmecken. Die Gelatine einweichen, ausdrücken und im warmen Madeira auflösen. Das Gelee vorsichtig mit einem Löffel auf die schon leicht gelierte Panna Cotta geben. Nochmals kalt stellen. Die gesamte Masse stürzen und in Würfel schneiden, am besten mit einem heißen, dünnen Messer. Die Amarettini im Mixer grob zerkleinern. Kurz vor dem Servieren die Würfel von zwei Seiten in den Amarettini panieren und servieren.

Gelbschwanzmakrele mit Kapernmarinade

mit violetten und gelben Karotten und Ziegenkäsewaffel

1. Die Gelatine in kaltem Wasser einweichen. Das Karottenextrakt (siehe Erläuterung) mit Wasser verrühren und mit Salz und Limettensaft abschmecken. Mit dem Mixstab das Xanthan unter die Masse mixen, bis sie leicht bindet, sie sollte eine zähflüssige Konsistenz haben. Dann die Karottenmasse in einen Topf geben, leicht erwärmen und die ausgedrückte Gelatine darin auflösen. Das Karottengelee auf ein mit Klarsichtfolie ausgelegtes Blech mit hohem Rand gießen und kalt stellen.

2. Die Karotten in haselnussgroße Würfel schneiden und in einem Topf ohne Fett kurz anschwitzen. Die Geflügelbrühe angießen und die Karottenwürfel mit den Fond auf 50 g/ml reduzieren. Dann die weich gekochten Karottenwürfel samt dem reduzierten Fond fein pürieren und kalt stellen. Die Crème fraîche mit den Kapern und dem Kapernsaft mit einem Pürierstab fein mixen. Von der Masse 250 g in eine Schüssel füllen und beiseite stellen, den Rest durch ein feines Sieb passieren. Jeweils 1 Blatt Gelatine und 2 Blatt Gelatine getrennt einweichen.

3. Den Karottenfond zur passierten Masse geben und mit Limettensaft, dem Limettenöl, Zucker und Salz abschmecken. 3 EL dieser Marinade leicht erwärmen, 1 Blatt Gelatine ausdrücken, in der warmen Marinade auflösen und unter die restliche Masse rühren. Kalt stellen. Von der unpassierten Masse 100 g leicht erwärmen, 2 Blatt Gelatine ausdrücken, in der Masse auflösen und unter die restliche Masse rühren. Diese auf Eiswasser mit dem Zauberstab mixen, bis die Masse kalt und schaumig ist. Mit einer Kelle die Masse auf das Karottengelee geben und für 2 Stunden kalt stellen. 4 runde Törtchen ausstechen.

4. Das Fischfilet in ca. 1 cm breite Streifen schneiden und jeweils zwei Streifen zu einem „Viereck" gegeneinander legen. Die Vierecke von beiden Seiten gut mit Zucker, Salz und Limettensaft würzen. Auf einem Blech einen Teil der Kapernmarinade ausgießen und den Fisch daraufsetzen. Danach kalt stellen.

(Fortsetzung S. 52)

Für 4 Personen

Karottengelee
2 Blatt Gelatine
50 g Karottenextrakt
(Espri Gourmand)
200 ml Wasser
1 Limette
2 g Xanthan[1]
Salz

Törtchen von Karotte und Kaper mit Kapernmarinade
2 Karotten
250 ml Geflügelbrühe
500 g Crème fraîche
½ Glas Kapern mit Saft,
Sorte Nonparaille
3 Blatt Gelatine
Limonenöl
Saft von ½ Limette
Zucker, Salz
600 g Gelbschwanzmakrelen-Filet,
entgrätet und gehäutet

Ziegenkäsewaffel
65 g Stärke
2 TL Backpulver
120 g weiche Butter
4 Eigelbe
200 g Ziegenfrischkäse
(Zimmertemperatur)
½ Karotte
½ Handvoll Kapern
Eischnee aus 4 Eiklar

Violette Karottensauce
5 violette Karotten
1 Limette, Salz
1–2 g Xanthan

Karottenmarinade
2 Kartoffeln
½ Stange Lauch
2 Scheiben Lardo (italienischer weißer Speck)
200 ml Geflügelbrühe

Gelbschwanzmakrele
mit Kapernmarinade

5. Die Stärke mit dem Backpulver vermischen. Die Butter mit der Küchenmaschine schaumig aufschlagen, anschließend nach und nach das Eigelb unterrühren. Den Ziegenfrischkäse dazugeben und weiter aufschlagen. Nun die fein geriebene Karotte und die fein gehackten Kapern hinzufügen. Diese Masse in eine Schüssel füllen und abwechselnd die Stärke und den Eischnee unterheben. Von diesem Teig 4 Waffeln jeweils bei ca. 200 °C in 2 Minuten knusprig braun backen.

6. Die Karotten entsaften, den Saft langsam aufkochen, durch ein Tuch passieren und abkühlen lassen. Den passierten Saft mit Limettensaft und Salz abschmecken und mit dem Zauberstab das Xanthan einmixen, bis der Saft zähflüssig ist.

7. Die Kartoffeln schälen und fein würfeln. Den Lauch fein schneiden, waschen und kurz abtropfen lassen. Den Lauch mit dem Lardo in einem Topf kurz anschwitzen, die Kartoffelwürfel dazugeben und mit der Geflügelbrühe angießen und eine Viertelstunde leicht köcheln lassen. Anschließend die Suppe mit dem Zauberstab fein mixen. Den Majoran in die Kartoffelsuppe geben und ziehen lassen, bis diese abgekühlt ist. Den Majoran entfernen, die kalte Suppe mit dem Karottenextrakt und den fein gehackten Zuckerschoten sowie Tomaten verrühren, mit Salz und Pfeffer abschmecken.

8. Die Karotten halbieren und mit Hilfe eines Küchenhobels längs in feine Scheiben schneiden. Den Karottensalat mit Salz, Zucker, Limettensaft und einem Spritzer Traubenkernöl marinieren. Die Zuckerschoten in feine Streifen schneiden und kurz blanchieren.

9. Mit der violetten Karottensauce auf einen großen runden Teller von unten nach oben einen Strich ziehen. Das Kapern-Karottentörtchen in die Mitte des Tellers setzen und den Karottensalat darauf anrichten. Die Makrele oben rechts und unten links auf den Teller setzen. Die Waffel in 16 kleine Dreiecke schneiden, mit der Karottenmarinade und einer Kaper füllen und jeweils von oben links nach unten rechts abwechselnd auf dem Teller verteilen. Jeweils drei Punkte der Kapernmarinade neben den Fisch setzen.

2 Majoranzweige
1–2 EL Karottenextrakt[2]
5 fein gehackte Zuckerschoten
1 EL gehackte, getrocknete Tomaten
Salz, Pfeffer

Salat von der violetten Karotte
2 violette Karotten
Salz
Zucker
Saft von einer Limette
Traubenkernöl
4 Zuckerschoten
12 Kapern plus 16 Kapern zum Garnieren

1) natürliches Verdickungs- und Geliermittel, das aus zuckerhaltigen Substraten gewonnen wird. Es ist im gut sortierten Lebensmittelhandel zu bekommen.

2) alternativ kann man auch 400 ml Karottensaft auf 100 ml reduzieren und diese Reduktion im Rezept verwenden.

Langustinogelee mit konfiertem Kalb

und weißer Schokoladenvinaigrette

Für 4 Personen

Vinaigrette von weißer Schokolade und Vanille
25 g weiße Schokolade
100 g frische Mayonnaise
10 g weißer Balsamico-Essig
100 g Milch
Mark von ¼ Vanilleschote
Salz, weißer Pfeffer, gemahlen

Langustinogelee
3 Eiweiß zum Klären
Salz, Pfeffer
Karkassen und Köpfe von
10 Langustinos
50 ml Maiskeimöl
100 g Karotten
150 g weiße Zwiebeln
50 g Staudensellerie
100 g Knollensellerie
4 Knoblauchzehen
4 weiche Tomaten, geviertelt
300 ml Madeira
100 ml roter Portwein
300 ml Rotwein
1 l Geflügelfond
2 Lorbeerblätter
1 Thymianzweig
8 Blatt Gelatine

Kalbsfilet
1 Kalbsfilet, 400–500 g
Salz, Pfeffer
1 Rosmarinzweig
2 Thymianzweige

Kalbsfilettartar
1 kaltes, rosa gegartes Kalbsfilet
100 g Staudensellerie
50 g Schalotten
1 EL gehackte Ofentomaten
½ Bund Kerbel
Limonenöl
1–2 Limetten
Salz, Pfeffer

1. Die Schokolade im Wasserbad auflösen. Dann alle weiteren Zutaten im Mixer gut vermischen und nach und nach unter die flüssige Schokolade mixen.

2. Den Topf heiß werden lassen, das Öl zugeben. In dem Topf die Langustinokarkassen rasch anrösten, wieder aus dem Topf nehmen und beiseite stellen. Anschließend die Karotten, Zwiebeln, den Sellerie und den Knoblauch in dem Topf braun anrösten, dann die Tomaten dazugeben und ca. 1 Minute anschwitzen. Das Ganze erst mit Madeira ablöschen und reduzieren. Wenn der Madeira fast vollständig verkocht ist, den Portwein dazugeben und wieder reduzieren. Mit dem Rotwein genauso verfahren. Ist auch der Rotwein gut reduziert, wird das Ganze mit dem Geflügelfond aufgefüllt und die Kräuter dazugegeben. Den Topf für 3–4 Stunden kalt stellen.

3. Danach das Eiweiß dazugeben und gut verrühren, nun bei starker Hitze und unter ständigem Rühren den Fond auf ca. 80 °C erhitzen. Sobald der Eiweißkuchen aufsteigt, die Hitze zurücknehmen und 1 Stunde leicht sieden lassen. Anschließend vorsichtig durch ein Tuch passieren. Den passierten Fond noch mal aufstellen und um die Hälfte reduzieren. Mit Salz und Pfeffer abschmecken.

4. Ein flaches Blech (30 cm x 45 cm) mit Folie auslegen, 8 Blatt Gelatine einweichen, ausdrücken und in 500 ml Langustinoessenz auflösen. Auf einer möglichst ebenen Arbeitfläche das Gelee 0,4 cm dick auf dem Blech ausgießen und gelieren lassen. Danach 2–3 Stunden kalt stellen. Nun mit einem runden Ausstecher (5 cm Durchmesser) Kreise ausstechen.

5. Das Kalbsfilet parieren, Kopf und Spitze entfernen und beiseite legen. Nun das Filet gut mit Salz und Pfeffer würzen und in einer heißen Pfanne von allen Seiten kurz anbraten. Das Fleisch aus der Pfanne nehmen und im Ofen auf ein Gitter legen. Bei 140 °C ca. 20 Minuten rosa garen. Anschließend mit den Kräutern in Alufolie wickeln und auskühlen lassen.

(Fortsetzung S. 54)

Langustinogelee
mit konfiertem Kalb

6. Das Kalbsfilet fein würfeln und in ein Schüssel geben. Den Staudensellerie und die Schalotten in feine Würfel schneiden. Nun den Staudensellerie und die Ofentomaten unter das Kalbsfilet mengen. Die Schalotten kurz blanchieren und ebenfalls mit dem Kalbsfilet vermengen. Mit Limettensaft, Limonenöl, Salz und Pfeffer abschmecken. Zum Schluss den Kerbel fein hacken und dazugeben. Kalt stellen.

7. Die Kalbsleber würfeln und in einer Pfanne bei starker Hitze anbraten. Nun die Schalotten dazugeben und kurz mitbraten, mit Rotwein ablöschen und reduzieren, bis fast die ganze Flüssigkeit verkocht ist. Den Portwein dazugeben und um die Hälfte einkochen. Jetzt mit dem Kalbsfond auffüllen und wieder etwas einkochen lassen, zum Schluss die Sahne angießen und noch 5 Minuten leicht kochen lassen. Nun den Salbei zufügen und zum Abkühlen beiseite stellen. Anschließend den Salbei wieder entfernen, die Masse in einem Mixer cremig mixen und durch ein feines Sieb streichen. Mit Salz, Pfeffer und Tomatenessig abschmecken.

8. Den Apfel in feine Streifen schneiden und in Apfelsaft und Limettensaft einlegen.

9. Die Langustinos vorsichtig ausbrechen, dabei das letzte Schwanzstück dranlassen. Den Darm herausziehen und die Langustinos auf einen Teller legen, von allen Seiten mit Salz und Pfeffer würzen. Eine Pfanne erhitzen, etwas Öl hineingeben und die Langustinos braten. Zum Ende des Bratvorgangs die Ofentomaten und den Kerbel hinzugeben und mit der Butter übergießen.

10. Auf einem runden Teller links 3 Häufchen Kalbsfilettatar setzen, auf jedes Häufchen jeweils eine Scheibe Langustinogelee legen und darauf den Apfelsalat setzen. Mit der Lebercreme rechts einen Strich ziehen und darauf den gebratenen Langustino setzen. Die Schokoladenvinaigrette zwischen den Tatartürmchen verteilen.

Lebercreme
500 ml Rotwein
750 ml Portwein
500 g geputzte Kalbsleber
200 g Schalotten, fein gewürfelt
250 ml dunkler Kalbsfond
250 ml Sahne
5 Salbeizweige
Salz, Pfeffer
Tomatenessig oder einen fruchtigen Rotweinessig

Salat vom grünen Apfel
1 Apfel (Granny Smith)
1 Tasse Apfelsaft
½ Limette

Langustino
4 Langustinos
Salz, Pfeffer
20 ml Öl
1 EL gehackte Ofentomaten
1 Bund fein geschnittener Kerbel
50 g Butter

Taschenkrebstatar mit Paprikaconfit

und griechischem Joghurt

Für 4–5 Personen

Taschenkrebstatar
5 Taschenkrebsscheren
1–2 EL Mayonnaise
½ Bund fein geschnittener Schnittlauch
1 EL gehackte Ofentomaten
1 Limette
Salz, Pfeffer

Paprikaconfit
2 Paprika
Salz, Zucker, Cayenne-Pfeffer

Safranpuffreis
200 g Basmatireis
600 ml Wasser
2 g Safran
Öl

1. Die Taschenkrebsscheren 10 Minuten kochen, danach ausbrechen und das Fleisch fein hacken. Das Fleisch mit den restlichen Zutaten verrühren und abschmecken.

2. Die Paprika vierteln und von den Kernen befreien. Die Paprikaviertel auf einem Blech verteilen und unter dem Grill schwarz rösten. Die Haut der Paprika abziehen und die Paprika mit dem Zauberstab grob mixen. In einem Sieb ein bisschen abtropfen lassen, mit Salz, Zucker und Cayenne-Pfeffer abschmecken.

3. Den Reis mit dem Wasser und dem Safran weich kochen, durch ein Sieb abgießen und auskühlen lassen. Den Reis zu Rollen formen, die ca. 1,5 cm Durchmesser haben, und sehr fest in Klarsichtfolie und danach in Alufolie einwickeln. Die Rollen einfrieren. Nun die gefrorenen Rollen auf der Aufschnittmaschine sehr dünn aufschneiden und die Scheiben auf Backpapier verteilen. Danach die Reisscheiben bei 50 °C im Ofen trocknen. Die getrockneten Reisscheiben in reichlich sehr heißem Öl in einer Pfanne ausbacken – puffen.

4. Das Taschenkrebstatar mit einem kleinen Ausstecher von 3 cm Durchmesser in Form bringen. Das Paprikaconfit daraufgeben und die Törtchen mit Crème fraîche und Kerbel garnieren. Auf den Puffreistaler setzen.

Suppen

Kleiner Eintopf mit bretonischem Hummer
Olivensuppe mit Olivenöleis und Parmesanstick
Rotkohlsuppe mit Mandelschaum

Kleiner Eintopf
mit bretonischem Hummer

Für 6 Personen

2 mittelgroße Karotten
¼ Knollensellerie
2 mittelgroße Navetten, geschält
2 Artischocken
2 Schalotten
1 Tl Fenchelsamen
ca. ¼ l trockener Weißwein
etwas Geflügel- oder Gemüsefond
2 Stangen Staudensellerie, geschält
50 g Keniabohnen
50 g Kaiserschoten
50 g Paspierre (Algensorte)
fein gehackte Blattpetersilie

3 lebendige Hummer

Salz, Pfeffer
etwas Butter

1. Die Karotten, den Sellerie und die Navetten schälen. Die Artischocken putzen, so dass die Böden übrig sind, und die Schalotten fein würfeln. Die Karotten in 1 cm große Würfel schneiden, den Sellerie in kleine Balken schneiden. Die geputzten Artischockenböden in 12 Segmente schneiden. Die Navetten in sehr feine Segmente schneiden, es sollten ungefähr 16 sein. Das geschnittene Gemüse in etwas schaumiger Butter in einem flachen Topf anschwitzen. Den Fenchelsamen dazugeben und mit dem Weißwein ablöschen. Mit dem Fond aufgießen, so dass das Gemüse bedeckt ist. Ca. 10 Minuten köcheln lassen, bis das Gemüse weich ist. Abschmecken mit grobem Meersalz, weißem Pfeffer aus der Mühle und etwas Zitronensaft.

2. Den Staudensellerie in Würfel schneiden und in Salzwasser blanchieren. Die Keniabohnen putzen und ebenfalls blanchieren. Dieses Gemüse zum Eintopf zusammen mit den geputzten Spitzen vom Paspierre und der Petersilie geben. Um das Ganze etwas sämiger zu machen, kann man ca. 50 g kalte Butterflocken in den Eintopf einrühren.

3. Die Hummer in kochendes Wasser geben und 3 ½ Minuten abkochen. Herausnehmen, in Eiswasser abschrecken und die Scheren samt Gelenken abbrechen. Diese wieder für 2 ½ Minuten ins kochende Wasser, danach ins Eiswasser geben. Die Scheren und Gelenke nun ausbrechen, mit Salz und Pfeffer würzen und mit etwas Butter ca. 5 Minuten vor dem Servieren langsam und vorsichtig warm machen.

4. Die Hummer kurz vor dem Anrichten in den Eintopf geben und servieren. Im Restaurant Vitrum servieren wir dazu hausgemachte Trüffelravioli. Es passen aber auch andere Pastasorten oder auch Gnocchi.

Olivensuppe mit Olivenöleis und Parmesanstick

1. Die Schalotten und den Knoblauch schälen, in Scheiben schneiden und in aufgeschäumter Butter anschwitzen. Die Kräuter und die Oliven dazugeben, mit Geflügelfond auffüllen und ca. 15 Minuten leicht köcheln lassen. Mit 250 g Butter aufmixen und dann durch ein Haarsieb passieren. Anschließend mit Salz und Pfeffer abschmecken.

2. Das Olivenöl in die Eismaschine geben und mixen, bis es cremig ist. Falls die Menge zu gering ist, 750 ml Öl nehmen, denn das Eis lässt sich auch gut aufheben.

3. Für den Parmesanstick alle Zutaten miteinander verkneten, 1 Stunde kühl stellen und anschließend zwischen 2 Backfolien ca. 3 mm dünn ausrollen und einfrieren. Wenn der Teig gefroren ist, Streifen von 10 cm x 0,5 cm ausstechen. Anschließend auf Backpapier geben und im Ofen bei 170 °C ca. 7 bis 8 Minuten goldbraun ausbacken. Danach auskühlen lassen.

4. Für die Krustentiermayonnaise alle Zutaten zu einer Mayonnaise mixen und mit Salz und weißem Pfeffer abschmecken.

5. Die Langustinos mit Salz, weißem Pfeffer und Olivenöl marinieren und zwischen 2 Lagen Backpapier platt klopfen, ca. 0,3 cm dick. Dann einfrieren und in passende Rechtecke zum Parmesanstick schneiden.

6. Die Suppe aufmixen und in einen vorgewärmten Suppenteller geben. Das Olivenöleis in Nocken abstechen und in die Suppe geben. Sofort servieren.

7. Auf je einen Parmesanstick einen zur Zimmertemperatur aufgetauten Langustino geben und mit Krustentiermayonnaise würzen. Extra zur Suppe servieren.

Für 4 Personen

Olivensuppe
2 kleine Schalotten
1 Knoblauchzehe
25 g Butter
½ Thymianzweig
½ Rosmarinzweig
150 g grüne, entsteinte Oliven, Sorte Taggiasca
350 g Geflügelfond
250 g Butter
Salz
weißer Pfeffer aus der Mühle

Olivenöleis
375 ml Olivenöl, Sorte ROI Carte Noire aus Ligurien

Parmesanstick
125 g Mehl
125 g Butter
125 g Parmesan
1 Ei

Krustentiermayonnaise
1 Eigelb
10 g Estragon-Essig
5 g Dijon-Senf
200 ml Maiskeimöl
20 ml reduzierter Krustentierfond
Salz, weißer Pfeffer

Langustino
4 Langustinos, ausgebrochen

Rotkohlsuppe mit Mandelschaum

Für 4 Personen

Rotkohlfond
2 Köpfe Rotkohl
4 weiße Zwiebeln, geschält und fein gewürfelt
5 Äpfel, Sorte Gala, geschält und fein gewürfelt
etwas Maiskeimöl
ca. 500 ml Gemüsefond
Salz
weißer Pfeffer aus der Mühle
Himbeeressig

Rotkohl-Apfelpüree
2 Köpfe Rotkohl
4 weiße Zwiebeln
5 Äpfel, geschält und fein gewürfelt

Mandelschaum
500 g Mandeln, mit dünner Schale
200 ml Milch
500 ml Gemüsefond
Salz
weißer Pfeffer aus der Mühle
etwas Bittermandelaroma

1. Den Rotkohl vierteln und vom Strunk befreien und die Viertel dann fein schneiden. Die Zwiebeln und Äpfel schälen und fein würfeln und in einem Topf mit Öl anbraten. Den fein geschnittenen Rotkohl dazugeben und mit Gemüsefond bedecken. Mit Salz, Pfeffer und Himbeeressig würzen. Den Rotkohl im Fond köcheln lassen, bis er weich ist, und abpassieren.

2. Den Rotkohl vierteln, vom Strunk befreien und die Viertel dann fein schneiden. In einem Topf nochmals 4 Zwiebeln und 5 Äpfel, jeweils geschält und fein gewürfelt, anschwitzen und den fein geschnittenen Rotkohl dazugeben. Mit dem Rotkohlfond aufgießen und erneut abschmecken. Wenn der Rotkohl weich ist, die Suppe durch ein Sieb passieren und warm stellen. Aus dem Rest von Rotkohl, Apfel und Zwiebel das Püree herstellen und abschmecken.

3. Die Mandeln mit der Milch in einen Topf geben, so dass die Mandeln bedeckt sind. Einmal aufkochen und ziehen lassen. Mandeln häuten, trocknen und im Ofen bei 180 °C rösten. Die gerösteten Mandeln sofort mit dem Gemüsefond bedecken und 30 Minuten ziehen lassen. Dann fein mixen und abpassieren. Den Mandelschaum mit Salz, Pfeffer und Bittermandelaroma abschmecken.

4. Das Rotkohl-Apfelpüree in vorgewärmte Tassen geben. Mit etwas Rotkohlsuppe aufgießen und mit dem Mandelschaum abschließen.

Fisch und Krustentiere

Seewolf mit schwarzem Rettich
Roter Thunfisch mit Kürbis
Kabeljau in Reblochonsauce
Sautierte Jakobsmuschel mit Blumenkohl-Espuma
Forelle aus der Müritz „Müllerin Art"
Rotbarbe mit Fenchel und Mokkasauce

Seewolf
mit schwarzem Rettich

und Estragonsalat

Für 4 Personen

Seewolf
1 Seewolffilet, ca. 500 g
Salz, weißer Pfeffer aus der Mühle
Olivenöl, etwas Butter
etwas Maiskeimöl

Senfsauce
2 Kaninchenkeulen
grobes Meersalz
weißer Pfeffer aus der Mühle
Maiskeimöl
100 g weiße Zwiebeln
100 g Staudensellerie
etwas Geflügelfond
1 Rosmarinzweig
4 Thymianzweige
1–2 EL Dijon Senf, fein
Butter

Rettichgemüse
½ mittelgroßen schwarzen Rettich
etwas Haselnussöl
etwas Butter
1 ½ Schwarze Rettiche, geschält und
in kleine Würfel geschnitten
50 g Schalottenwürfel
30 g Butter
2 EL Noilly Prat
1 EL weißer Portwein
etwas Geflügelfond
Salz, weißer Pfeffer aus der Mühle

Senfkörner
40 g Senfkörner
Apfelsaft
weißer Balsamico-Essig
Öl zum Frittieren

Estragonsalat
½ Bund Estragon
30 g Ziegenkäse
etwas Limonensaft
Ofentomaten, fein gehackt
schwarze Oliven, fein gehackt
Salz, weißer Pfeffer aus der Mühle

1. Das Filet in 4 Portionen schneiden. Mit Salz und Pfeffer würzen. Die Filetstücke in Olivenöl sehr kurz und nicht zu heiß anbraten, herausnehmen und die Pfanne abkühlen lassen. Die Filets wieder dazugeben und mit etwas Butter im Ofen bei 80 °C fertig garen. Man kann die geschuppte Haut des Seewolfs salzen und in eine Teflonpfanne mit etwas Maiskeimöl geben. Dann Backpapier darüberlegen, mit einem Topf beschweren und auf dem Herd kross braten. Auskühlen lassen und in kleine Stücke brechen.

2. Die Kaninchenkeulen salzen und pfeffern und in Maiskeimöl anbraten. Die gewürfelten Zwiebeln und den gewürfelten Staudensellerie dazugeben und ebenfalls anbraten. Mit Geflügelfond bedecken, Rosmarin und Thymian dazugeben, einmal aufkochen lassen und 20 Minuten ziehen lassen. Durch ein feines Sieb passieren und auf die Hälfte reduzieren. Senf dazugeben und mit Butter aufmontieren, bis eine sämige Sauce entsteht.

3. Den halben schwarzen Rettich waschen und ungeschält auf der Mandoline sehr dünn in Scheiben aufschneiden. In Haselnussöl mit etwas Butter bissfest garen und würzen. Kurz vor dem Anrichten den fertig gegarten Fisch mit den Rettichscheiben belegen. Die Butter aufschäumen, Schalotten und Rettich darin anschwitzen. Mit Noilly Prat und weißem Portwein ablöschen, etwas reduzieren lassen. Mit etwas Geflügelfond auffüllen und weich kochen lassen, bis keine Flüssigkeit mehr vorhanden ist. Mit Salz und Pfeffer abschmecken.

4. Senfkörner in Apfelsaft und Essig weich kochen, abgießen und trocknen lassen. In 190 °C heißem Fett ausbacken und trocknen.

5. Den Estragon zupfen, in Eiswasser legen, trocken tupfen und mit Ziegenkäse, Limonensaft, Ofentomaten, Oliven vermengen. Mit etwas Salz und Pfeffer abschmecken.

6. Den mit schwarzem Rettich belegten Fisch auf einen vorgewärmten Teller legen und die Senfsauce angießen. Daneben etwas warmes Rettichgemüse anrichten und dieses mit Estragonsalat und Senfkörnern garnieren.

Roter Thunfisch mit Muskatkürbis

mit Kernöl und schwarzem Pfeffer

1. Den Thunfisch gut salzen und mit dem gestoßenen schwarzen Pfeffer leicht einreiben. In einer Pfanne mit etwas Öl für ein paar Sekunden auf jeder Seite leicht erhitzen und dann bei ca. 90 °C für 30 Minuten im Ofen garen. Den Thunfisch in Schnittlauchröllchen wenden, in Scheiben schneiden und mit Meersalz bestreuen.

2. Vom Kürbis 250 g fein und 250 g grob würfeln. Den grob gewürfelten Kürbis zusammen mit den geschälten und gewürfelten Schalotten und dem Knoblauch in Butter anschwitzen. Dann mit Kürbisfond auffüllen und mit Lorbeer, Salz, Pfeffer und Muskat würzen. Reduzieren, bis fast keine Flüssigkeit mehr vorhanden ist und die Kürbismasse „stampfen". Nun den fein gewürfelten Kürbis dazugeben und weich kochen, bis keine Flüssigkeit mehr vorhanden ist.

3. Die weißen Zwiebeln schälen, den Kürbis würfeln, Knoblauch andrücken und das Gemüse zusammen mit der Rinderwade, dem Öl, Eiweiß und dem Geflügelfond 2–3 Stunden köcheln lassen und dann passieren.

4. Für die Kürbissauce das Gemüse nach Bedarf schälen und würfeln und Kürbis, Zwiebel, Paprika, Gurke, Sellerie, Knoblauch und Tomaten leicht salzen und dann 2 Stunden ruhen lassen. Dann zusammen mit Curry, Paprika und Hühnerkeule in einen Topf geben und mit Tomatenfond und Geflügelfond bedecken. Komplett einkochen lassen. Die Hühnerkeule herausnehmen und die Kürbismasse durch ein Haarsieb fest durchdrücken. Dann die Flüssigkeit auf etwa ein Drittel reduzieren lassen. Mit Butter abbinden und aufmixen.

5. Den Zucker mit dem Wasser aufkochen. Karamellisieren lassen und die Kürbiskerne dazugeben. So lange rühren, bis das Karamell sich mit den Kürbiskernen verbunden hat.

6. Das Kürbispüree auf einen vorgewärmten Teller geben und die kandierten Kürbiskerne darüberstreuen. Die Sauce verteilen und die Thunfischscheiben dazu. Etwas Kürbiskernöl auf den Teller geben und sofort servieren.

Für 4 Personen

Thunfisch
grobes Meersalz
6 EL schwarze Pfefferkörner
2 Bund Schnittlauch
2 längliche, gleichmäßig dicke
Stücke Thunfisch, ca. 2 x 240 g

Kürbispüree
500 g Muskatkürbis
250 g Schalotten, geschält und
gewürfelt
½ Knoblauchknolle
500 ml Kürbisfond, Butter
3 Lorbeerblätter, Salz
weißer Pfeffer aus der Mühle
Muskatnuss

Kürbisfond
3 weiße Zwiebeln, geschält
1,5 kg Muskatkürbis
1 Knolle Knoblauch
750 g Rinderwade
120 ml Kürbiskernöl
3 Eiweiß, ca. 150 g
3 l Geflügelfond

Kürbissauce
3 Knoblauchzehen
4 frische Tomaten
1,250 kg Muskatkürbis
190 g Zwiebel
190 g rote Paprika
125 g Salatgurke
125 g Staudensellerie, Salz
1 Hühnerkeule
1 Teil Tomatenfond
2 Teile Geflügelfond
etwas Curry
etwas Paprika edelsüß

Kandierte Kürbiskerne
25 g Wasser, 50 g Zucker
100 g Kürbiskerne

Kabeljau in Reblochonsauce

mit Spinat und Curryblättern

Für 4 Personen

1 Kabeljau, ca. 1,3–1,4 kg

Reblochonsauce
200 g weiße Zwiebeln
½ Knolle Knoblauch
300 g Kabeljau (nur helles Fleisch)
3 Thymianzweige
Meersalz
weißer Pfeffer aus der Mühle
350 ml Geflügelfond
1 Zitrone
40 g Reblochon
Butter
50 g feine Staudenselleriescheiben
etwas gehackte Blattpetersilie

Curryblätter-Fond
320 g Abschnitte vom Kabeljau
etwas Olivenöl
3 Schalotten
50 g Staudensellerie
5 Champignons
Butter
2 Tomaten, geviertelt
1 Lorbeerblatt
3 Thymianzweige
Salz, Pfeffer
125 ml Portwein
125 ml Rotwein
500 ml Geflügelfond
100 g Butter
20 Curryblätter

Spinat
Butter
1 Knoblauchzehe
300 g Baby-Spinat
2 Schalotten
Salz
weißer Pfeffer aus der Mühle
Muskatnuss

1. Aus dem Kabeljaufleisch 4 Filets à 120 g portionieren. Die Abschnitte und Gräten in kaltem Wasser abspülen und beiseite legen.

2. Die weißen Zwiebeln würfeln und mit Knoblauch und Kabeljauabschnitten in Butter anschwitzen. Mit Thymian, Salz und Pfeffer würzen und mit etwas Geflügelfond bedecken. 2 Zitronenscheiben zugeben und 10 Minuten köcheln lassen. Den Reblochon einrühren, passieren, mit Butter aufschlagen und abschmecken. Parallel Staudenselleriewürfel blanchieren und die Blattpetersilie fein hacken.

3. Vor dem Anrichten Kabeljau salzen und pfeffern. Die Sauce einmal aufkochen lassen, Kabeljau einlegen und warm halten. Nach ca. 8–10 Minuten mit Staudensellerie und Petersilie abschmecken.

4. Die Kabeljauabschnitte mit Olivenöl scharf anbraten. Wenn Sie goldbraun sind, herausnehmen. Die Schalotten, Staudensellerie und Champignons würfeln. Das Gemüse ohne die Tomaten mit etwas Butter anbraten und die angerösteten Fisch-Abschnitte dazugeben. Ebenso Tomaten und Kräuter dazugeben und weiter braten, bis die Tomaten leicht karamellisieren. Mit Port- und Rotwein ablöschen und einkochen lassen. Mit dem Geflügelfond aufgießen und unterhalb des Siedepunktes 20 Minuten köcheln lassen und passieren. Portwein und Rotwein in einem Topf reduzieren. Dann den passierten Fond mit einem Schöpflöffel nach und nach angießen.

5. Butter bräunen und 20 Curryblätter dazugeben. Zehn Minuten ziehen lassen, dann passieren, bis die Konsistenz sämig ist.

6. In einer breiten Pfanne die Butter mit dem angedrückten Knoblauch braun werden lassen. Den Knoblauch sofort herausnehmen und den geputzten und gewaschenen Spinat und die fein gewürfelten Schalotten dazugeben. Kurz durchschwenken und würzen.

7. Auf einem vorgewärmten Teller den Spinat in der Mitte anrichten. Den sämigen Fond von Curryblättern außen herum angießen. Auf den Spinat den in Reblochon gegarten Kabeljau setzen. Etwas Reblochonsauce dazugeben und mit dem Sellerie garnieren.

Sautierte Jakobsmuschel mit Blumenkohl-Espuma

und Muskatblütenfond

1. Die Schalotte schälen, in Scheiben schneiden und mit den Gewürzen und Kräutern in Butter anschwitzen. Die Tomate dazugeben, mit Geflügelfond auffüllen und ca. 15 Minuten ziehen lassen. Dann durch ein feines Sieb passieren.

2. Den Blumenkohl waschen und in Scheiben schneiden. Die Schalotten würfeln und mit dem Lorbeerblatt in Butter hell anschwitzen. Mit etwas Geflügelfond auffüllen und weich kochen, bis von der Flüssigkeit fast nichts mehr übrig ist. Dann mixen mit Crème double, Crème fraîche und Sahne. Durch ein Sieb streichen und mit Salz, Pfeffer, Muskat und Zitrone abschmecken. In eine Syphonflasche geben und warm stellen.

3. Die Jakobsmuscheln aus der Schale lösen, das Corail entfernen und das Muschelfleisch gut waschen und trocken tupfen. Mit Salz und weißem Pfeffer aus der Mühle würzen. In Öl anbraten und nach ca. 1 ½ Minuten den Thymianzweig und Knoblauch mit Schale dazugeben. Dann die Jakobsmuscheln wenden, etwas Butter dazugeben und fertig garen.

4. Den Blumenkohlschaum in einen Suppenteller geben. Dann den Muskatblütenfond vorsichtig angießen und die Jakobsmuschel auf den Blumenkohlschaum setzen. Zum Schluss über die Jakobsmuschel etwas Blumenkohlfleurette geben. Diese stellt man her, indem man kleine Blumenkohlröschen blanchiert, in brauner Butter anschwitzt und mit etwas Semmelbrösel und Schnittlauch vermengt.

Für 4 Personen

Muskatblütenfond
1 Schalotte
10 g Butter
2,5 g Knoblauch
½ Thymianzweig
½ Lorbeerblatt
1,5 g Muskatblüte
1 g Kurkuma
0,5 g Vanillestange
1,5 g Fleur de Sel
weißer Pfeffer aus der Mühle
½ frische Tomate
200 g Geflügelfond

Blumenkohl-Espuma
500 g Blumenkohl
2 Schalotten
1 Lorbeerblatt
Butter
500 ml Geflügelfond
50 g Crème double
25 g Crème fraîche
25–50 ml Sahne
Salz, Pfeffer, Muskat und etwas Zitrone

Gebratene Jakobsmuscheln
4 Jakobsmuscheln
Salz, Pfeffer aus der Mühle
Öl zum Anbraten
½ Thymianzweig
½ Knoblauchzehe
20 g Butter

sehr kleine Blumenkohlröschen
Semmelbrösel
Schnittlauch

Forelle aus der Müritz „Müllerin Art"

Für 4 Personen

Forelle
4 ganze Forellen à 300–400 g, aus-
genommen und geschuppt

Forellenbutter
Forellenabschnitte
etwas Mehl
etwas Maiskeimöl
250 g Butter
Saft von 2 Zitronen
5 Petersilienstängel

Petersilienwurzelgemüse
6 mittelgroße Petersilienwurzeln
30 g Butter
50 g Schalottenwürfel
100 ml Geflügelfond
1 EL gekochte Graupen
½ EL Kapern
½ EL gehackte Blattpetersilie
Kapernsaft
Zitronensaft
Salz
weißer Pfeffer aus der Mühle

Petersilienwurzelsauce
8 mittelgroße Petersilienwurzeln
250 ml Geflügelfond
150 g weiße Zwiebeln
30 g Butter
Forellenbutter, siehe oben
Salz
weißer Pfeffer aus der Mühle

Petersilienmatte
1 Bund Blattpetersilie
Butter

Forellenkaviar
braune Butter

1. Die Forellen auslösen und entgräten. Sämtliche Abschnitte wie Kopf, Schwanz und Gräten für die Forellenbutter beiseite legen. Die Haut von den Filets abziehen und in einem stark salzigen Zitronenwasser für 2 Stunden ziehen lassen. Die Forellenfilets mit Salz würzen, übereinanderlegen und in hitzebeständiger Klarsichtfolie sehr fest einschlagen und leicht vakuumieren. Dann die Filets bei 70 °C für 9–10 Minuten im Wasserbad glasig garen.

2. Die Forellenhaut aus dem Zitronenwasser nehmen, trocken tupfen und eventuelle Fleischreste abschaben. Auf einem Backpapier bei ca. 40 °C eine halbe Stunde trocknen lassen, damit man sie besser zuschneiden kann. Die Forellenhaut in Dreiecke schneiden und zwischen 2 Blättern Backpapier mit etwas geklärter Butter 13–14 Minuten bei 180 °C backen. Während des Backvorgangs das Papier mit einem Topf beschweren.

3. Die Forellenabschnitte abwaschen und mit Küchenpapier trocken tupfen. In Mehl leicht wenden. In einer Pfanne das Öl heiß werden lassen und die mehlierten Forellenabschnitte goldgelb anbraten. Dann die Butter und den Zitronensaft dazugeben. Mit den grob geschnittenen Petersilienstängeln 5 Minuten ziehen lassen und durch ein Haarsieb passieren.

4. Die Petersilienwurzeln schälen und in Stifte schneiden, man benötigt 60 Stifte. Die Schalen und Abschnitte für die Sauce beiseite legen. In einem kleinen Topf die Butter aufschäumen und die Schalottenwürfel anschwitzen. Dann die Petersilienwurzelstifte dazugeben, würzen und mit Geflügelfond bedecken und weich kochen. Kurz vor dem Anrichten die Graupen, Kapern und die fein gehackte Petersilie untermischen und mit Kapernsaft, Zitronensaft, Salz und Pfeffer abschmecken.

(Fortsetzung S. 78)

Forelle aus der Müritz „Müllerin Art"

5. Die aufgehobenen Schalen mit den Petersilienwurzelabschnitten und dem Geflügelfond in einem Topf aufsetzen, aufkochen und 20 Minuten ziehen lassen. Durch ein Sieb passieren und den Fond auffangen.

6. Die 8 Petersilienwurzeln schälen, klein schneiden und mit den weißen Zwiebeln und Butter anschwitzen. Mit Salz und Pfeffer würzen. Mit dem Petersilienwurzelfond bedecken und weich kochen. Mit einem Stabmixer pürieren und die Forellenbutter langsam dazugeben, bis eine sämige Sauce entsteht. Durch ein feines Haarsieb passieren und abschmecken.

7. Die Blattpetersilie gut waschen und grob schneiden. Einen Topf mit gesalzenem Wasser aufstellen, aufkochen lassen und den Bund Blattpetersilie blanchieren. Danach in kaltem Wasser abschrecken. In einer Küchenmaschine unter Zugabe von warmer Butter fein pürieren. Kurz vor dem Anrichten etwas von der Petersilienmatte in die Petersilienwurzelsauce geben.

8. Auf einem vorgewärmten Teller das Gemüse verteilen. Darauf die Forellenfilets geben und die Forellenhaut daraufsetzen. Etwas von der grünen Petersilienwurzelsauce dazugeben und mit Forellenkaviar und brauner Butter garnieren.

Rotbarbe mit Fenchel und Mokkasauce

Für 4 Personen

2 Rotbarben à 400 g
Salz, Pfeffer, Olivenöl

Mokkasauce
1,3 kg Kaninchenkeule
2 weiße Zwiebeln
1 ½ Karotten
½ Stange Staudensellerie
etwas Maiskeimöl
etwas Mehl
35 g Sojasauce
750 ml Geflügelfond
70 g Kaffeebohnen

Kaffeekrusteln
50 g Tapiokamehl
40 g Wasser
25–30 g löslicher Kaffee
Öl zum Frittieren

Gewürzöl
15 g klein gehackte Kaffeebohnen,
Sorte Arabica
5 g Kubeben-Pfeffer, geschrotet
10 g Fenchelsamen, geschrotet
40 g ml Maiskeimöl
20 g Butter

Fenchelfond
650 g Fenchel
130 g Schalotten
2 Knoblauchzehen
Fenchelsamen
30 g Butter
500 ml Geflügelfond
Safranfäden
Salz
weißer Pfeffer aus der Mühle

1. Die Rotbarben schuppen, auslösen und entgräten. Die Filets mit Salz und Pfeffer würzen und in eine Teflonpfanne mit etwas Olivenöl geben. Dabei sollte die Hautseite nach oben zeigen. Im Backofen unter dem Grill ca. 2–3 Minuten garen.

2. Für die Mokkasauce die Kaninchenkeule grob hacken. Zwiebeln, Karotten und Sellerie schälen und würfeln. Die Kaninchenkeule mit Öl goldgelb anbraten. Dann das Gemüse dazugeben und ebenfalls anrösten. Mit Mehl stäuben und mit Sojasauce ablöschen. Mit Geflügelfond bedecken, einmal aufkochen und 20 Minuten ziehen lassen und durch ein Sieb passieren. Die Kaffeebohnen dazugeben, einmal aufkochen und 10 Minuten ziehen lassen. Durch ein Haarsieb passieren, gegebenenfalls reduzieren und abschmecken.

3. Für die Kaffeekrusteln eine Schüssel mit Eiswasser bereitstellen, darauf eine weitere Schüssel geben und alle Zutaten in dieser Schüssel vermischen. Danach im 190 °C heißen Fett mit Hilfe einer Schaumkelle Krusteln ausbacken.

4. Für das Gewürzöl die Kaffeebohnen hacken und den Pfeffer und den Fenchel im Mörser zerstoßen. Alle Zutaten zu einer Gewürzölmischung verrühren.

5. Für den Fenchelfond den Fenchel grob würfeln, Schalotten und Knoblauch schälen und in Scheiben schneiden. Butter in einem Topf aufschäumen. Darin Fenchelwürfel, Schalotten, Fenchelsamen und Knoblauch anschwitzen. Mit Geflügelfond bedecken und Safranfäden dazugeben. Mit Salz und Pfeffer würzen, aufkochen und köcheln lassen, bis der Fenchel weich ist. Zum Schluss durch ein Haarsieb passieren.

(Fortsetzung S. 80)

Rotbarbe mit Fenchel und Mokkasauce

6. Für das Fenchelgemüse den Fenchel längs in 12 ca. 1 cm dicke Spalten schneiden. Von den Abschnitten 100 g in sehr feine Würfel schneiden. Den Rest wie oben beschrieben für den Fenchelfond benutzen. Die Fenchelwürfel leicht salzen und 4 Stunden marinieren. Die Fenchelspalten in Butter mit Schalotten anschwitzen und mit Pernod ablöschen. Mit dem Fenchelfond bedecken und weich kochen. Die gesalzenen Fenchel- und Ananaswürfel, Ofentomate und Fenchelgrün dazugeben, abschmecken und anrichten.

7. Die Mokkasauce auf einem vorgewärmten Teller dekorieren, die Rotbarbe daraufsetzen und mit Kaffeekrusteln bestreuen. Daneben den Fenchelfond gießen und das Fenchelgemüse daraufgeben.

Fenchelgemüse
2 Fenchelknollen
Butter
5 g Schalottenwürfel
5 g gehackte Ofentomaten
gehacktes Fenchelgrün
50 ml Pernod
50 g feine Würfel von reifer Ananas
Salz
weißer Pfeffer aus der Mühle

Fleisch

Rosa gebratener Rehrücken
Taube mit Haselnuss und Apfel-Basilikumragout
Geschmorte Lamm-Spareribs
Pluma vom Iberico-Schwein
Rinderschulter konfiert

Rosa gebratener Rehrücken

mit Blumenkohl-Graupengemüse und Rotweinsabayon

1. Rehrücken vom Knochen lösen, parieren, in ca. 100 g schwere Stücke portionieren. Knochen hacken und die Parüren klein schneiden. In heißem Öl die Knochen anrösten, bis sie gleichmäßig braun sind. Das Gemüse dazugeben und rösten lassen. Etwas Tomatenmark dazu anrösten, mit Mehl bestäuben. Drei- bis viermal mit Portwein und Rotwein ablöschen und jeweils wieder einkochen lassen. Mit Eiswasser auffüllen, Preiselbeeren, Lorbeerblatt und Gewürze zufügen, ca. 1 Std. köcheln. Danach passieren, Portwein und Rotwein einkochen lassen und die Sauce löffelweise untermischen. Mit Salz, Pfeffer, Orangensaft und brauner Butter abschmecken und bis zur gewünschten Konsistenz einkochen. Durch ein feines Sieb passieren. Die Rehrückenmedaillons mit Salz und weißem Pfeffer aus der Mühle würzen und kurz in Öl anbraten. Auf einem Gitter im Ofen bei 140 °C ca. 10–12 Minuten garen und öfters wenden. Danach ruhen lassen und vor dem Anrichten in heißer Butter bräunen.

2. Die Zutaten für die Sabayon in einer Schüssel über dem Wasserbad aufschlagen. Dabei bei ist es wichtig gleichmäßig aufzuschlagen. Die Sabayon sollte ca. 80 °C erreichen.

3. In einem Topf Gemüsewürfel mit Butter anschwitzen, mit 0,5 l Geflügelfond auffüllen und würzen. Einmal aufkochen und ca. 30 Minuten ziehen lassen. Danach passieren und beiseite stellen.

4. Blumenkohlcreme: Gemüse in einem Topf mit etwas Butter anschwitzen, mit 0,25 l Blumenkohlfond aufgießen, Blumenkohl weich kochen lassen. 50 ml Sahne darin aufkochen lassen, das Ganze pürieren und mit Salz, Pfeffer, Muskat und Zitronensaft abschmecken.

5. Alles miteinander erwärmen und abschmecken. Butter in einer Pfanne zergehen lassen, Mie de Pain dazu und rösten. Dann die Fleurette dazu, abschmecken und zum Schluss den Schnittlauch.

6. In die Mitte eines vorgewärmten Tellers Blumenkohlgraupengemüse geben, mit der Blumenkohlfleurette garnieren. Die Rehjus und Rotweinsabayon abwechselnd kreisförmig außen um den Blumenkohl gießen und rechts und links den Rehrücken daraufsetzen.

Für 8 Personen

Rehrücken
1 Rehrücken, ca. 3 kg
Öl, 300 g Zwiebeln, gewürfelt
100 g Karotten, gewürfelt
200 g Staudensellerie, gewürfelt
2 EL Tomatenmark, 1 EL Mehl
350 ml roter Portwein
250 ml Rotwein, 2 Lorbeerblätter
1 EL Preiselbeeren, Orangensaft
½ TL Kümmel, etwas Salz
3 El Butter, ½ TL schwarzer Pfeffer
½ TL Wacholder, 1 TL Koriander
1 TL Piment, weißer Pfeffer

Rotweinsabayon
50 g reduzierter trockener Rotwein
25 g reduzierter Portwein, rot
18 g Kirschpüree, 30 g Eigelb

Blumenkohlfond
500 g Blumenkohl
2 Schalotten, fein gewürfelt
0,5 l Geflügelfond, Salz, Pfeffer,
Muskat

Blumenkohlcreme
500 g Blumenkohl, grob gewürfelt
2 Schalotten, fein gewürfelt
50 ml Sahne, Salz, Pfeffer, Muskat,
Zitronensaft

Blumenkohl-Graupengemüse
1 EL gekochte Graupen
(in Salzwasser ca. 20 Minuten)
3 EL blanchierte kleine
Blumenkohlröschen
2 EL Blumenkohlcreme
1–2 EL Blumenkohlfond

Blumenkohlfleurette
50 g Butter, 2 EL Mie de Pain
1 EL sehr feine, blanchierte
Blumenkohlröschen (Fleurette)
Salz, Pfeffer, fein geschnittener
Schnittlauch

Taube mit Haselnuss und Apfel-Basilikumragout

Für 4 Personen

Apfel-Basilikumragout
2 Äpfel „Gala Royal" in
gleichmäßig Würfel geschnitten
Apfelsaft naturtrüb
Apfel-Balsamico-Essig
Basilikumstreifen

4 Tauben

Taubenragout
8 Taubenkeulen
4 Schalotten
2 Knoblauchzehen
2 Thymianzweige
250 ml Geflügelfond
2 Schalotten
etwas Butter
50 ml Trüffelsaft
50 ml roter Portwein
Salz
weißer Pfeffer aus der Mühle
passierte Taubenleber zum Binden

Taubensauce
Taubenkarkassen von
den 4 Tauben
etwas Mehl
Maiskeimöl
Butter
1 Zwiebel, grob gewürfelt
1 Karotten, geschält und grob
gewürfelt
1 Stange Staudensellerie, grob
gewürfelt
1 EL Tomatenmark
100 ml roter Portwein
100 ml Rotwein
Geflügelfond oder Eiswasser
2 Lorbeerblätter
4 Thymianzweige
4 Wacholderbeeren
10 weiße Pfefferkörner

1. Die Äpfel in Butter anschwitzen und mit Apfelsaft auffüllen, aufkochen und mit Butter binden. Vor dem Anrichten mit Apfel-Balsamico abschmecken und die Basilikumstreifen dazugeben.

2. Die Taube bratfertig auslösen. Dabei die Keule und die Taubenleber für das Ragout beiseite legen. Die Knochen für die Sauce klein hacken. Die Taubenbrüste an der Karkasse lassen, mit Salz und weißen Pfeffer aus der Mühle würzen. In Maiskeimöl sehr scharf von allen Seiten anbraten. Im Backofen bei 140 °C in 15 Minuten rosa braten. Anschließend etwa 2 Minuten ruhen lassen und dann aus jeder Brustseite 3 Scheiben schneiden.

3. Die Taubenkeulen würzen und zusammen mit den halbierten 4 Schalotten im Bräter mit wenig Öl anbraten. Die halbierten Knoblauchzehen und den Thymian dazugeben und das Ganze mit Geflügelfond auffüllen. Nun für zirka 30 Minuten köcheln lassen und anschließend passieren. Den so gewonnenen Fond von etwa 100 ml beiseite stellen. Die gegarten Keulen entbeinen und das Fleisch fein hacken. Die weiteren 2 Schalotten fein würfeln, in Butter anschwitzen, das Keulenfleische dazugeben und beides mit Portwein ablöschen. Nun die Flüssigkeit einreduzieren lassen. Dann den Trüffelsaft zugeben und wiederum einreduzieren. Jetzt den Taubenfond zugeben und nochmals einreduzieren. Kurz vor dem Anrichten wird das Ragout erhitzt und mit etwas passierter Taubenleber abgebunden.

4. Die Taubenkarkassen mehlieren und in einem Bräter mit Maiskeimöl rösten, bis sie eine gleichmäßige braune Farbe haben. Das ausgetretene Fett abschütten und nun das Röstgemüse dazugeben und mit etwas Maiskeimöl karamellisieren. Hat das Gemüse eine goldbraune Farbe, etwas Tomatenmark dazugeben und kurz mitrösten. Dabei Butter hinzufügen. Nun abwechselnd mit rotem Portwein und Rotwein ablöschen. Mit Geflügelfond oder Eiswasser leicht bedecken, das Lorbeerblatt, den Thymian, die Wacholderbeeren und die Pfefferkörner in den Fond geben und 1 Stunde köcheln

Taube mit Haselnuss
und Apfel-Basilikumragout

lassen. Danach passieren. Etwas Rot- und Portwein in einem Topf reduzieren und die Sauce mit einem Schöpflöffel nach und nach zugeben. Eventuell nochmals reduzieren lassen und mit brauner Butter abschmecken.

5. Für das Nuss-Salz alle Zutaten mixen, bis die Mischung ein sehr feines Pulver ist.

6. Die Karotte und die Zwiebel schälen und grob würfeln und mit Weißwein, Wasser und Gewürzen in einem Topf einmal aufkochen und 15 Minuten ziehen lassen. Den Sud passieren und wieder aufkochen und darin die Krebsnasen 1 Minute kochen. Die Krebsnasen rausnehmen und fein hacken. Die Tomate in einem kleinen Topf karamellisieren, mit dem Sud auffüllen und auf 125 ml reduzieren. Die gehackten Flusskrebsnasen wieder in den Sud geben, einmal aufkochen und nochmals 10 Minuten ziehen lassen.

7. Währenddessen die Haselnüsse im Backofen bei 180 °C rösten, fein hacken und nochmals in einer Pfanne mit etwas Butter rösten. Den Krebssud passieren, die Haselnüsse dazugeben und mit Butter und Banane mixen. Die Kardamomkapseln schälen und die Samen in einer Pfanne ohne Fett erwärmen. Nun damit die Sauce abschmecken. Mit Sherry-Essig verfeinern und eventuell mit Salz und Pfeffer abrunden.

8. Das Apfelragout auf der einen Hälfte eines vorgewärmten Tellers mit Apfelfond anrichten. Etwas von dem Nuss-Salz darüberstreuen. Die Haselnuss-Sauce auf die andere Hälfte des Tellers geben, etwas vom Taubenragout anrichten und darauf die Taubenscheiben setzen. Mit Taubensauce garnieren.

Nuss-Salz
10 g Maldon-Salz
100 g geschälte und geröstete Haselnüsse

Haselnuss-Sauce
1 Karotte grob gewürfelt
1 kleine weiße Zwiebel, grob gewürfelt
250 ml Weißwein
750 ml Wasser
1 EL Meersalz
½ EL brauner Zucker
1 Zweig Estragon, Basilikum und Thymian

10 Flusskrebsnasen
1 geviertelte Tomate

75 g ganze geschälte Haselnüsse
Butter
50 g reife Banane
3 Kardamomkapseln
alter Sherry-Essig
etwas Meersalz
weißer Pfeffer aus der Mühle

Geschmorte Lamm-Spareribs

mit Navette und Trockenfrüchteragout

Für 4 Personen

Lammfond

1 kg Lammknochen, fein gehackt
Maiskeimöl
2 weiße Zwiebeln, geschält und fein gehakt
3 frische Tomaten, geviertelt

Trockenfrüchteragout

5 Dörraprikosen
10 Korinthen
50 g gehackte Mandeln
100 g Butter
5 g Puderzucker
1 Knoblauchzehe
50 ml Lammfond
Salz, weißer Pfeffer aus der Mühle
etwas Estragonessig

Lamm-Spareribs-Marinade

20 g Paprika edelsüß
5 g Chilipulver
5 g Salz
1 TL gemahlener Kümmel
5 g Zucker
1 TL Dijon-Senf, fein
1 TL schwarzer gemahlener Pfeffer
1 EL fein gehackter Thymian
1 El fein gehackter Oregano
1 Msp Cayenne-Pfeffer
Olivenöl
Orangensaft
ca. 2–4 Bauchrippen vom Lamm

Lammsauce

Maiskeimöl
1 kg Lammknochen, fein gehackt
1 Karotte, grob gewürfelt
2 weiße Zwiebeln, grob gewürfelt
2 Stangen Staudensellerie, grob gewürfelt
2 EL Tomatenmark
5 Knoblauchzehen, zerdrückt
5 Thymianzweige
500 ml Lammfond

1. Die Lammknochen in einem Bräter mit Öl anrösten. Das Fett abgießen und die geschälten und die fein gehackten Zwiebeln dazugeben und ebenfalls anrösten lassen. Mit den geviertelten Tomaten glacieren und mit Eiswasser bedecken. Einmal aufkochen lassen und 2 Stunden leicht ziehen lassen. Durch ein Haarsieb passieren. Für Lammsauce, „Spareribs" und Trockenfrüchteragout beiseite stellen.

2. Die Dörraprikosen weich dämpfen und fein hacken. Die Korinthen für 1 Stunde in schwarzem Tee einweichen und ebenfalls fein hacken. Die Mandeln in der Butter rösten. Die Knoblauchzehe blanchieren, abschrecken und fein hacken. Den Puderzucker leicht karamellisieren lassen und den Knoblauch dazugeben. Dann die Mandeln und die Trockenfrüchte einrühren. Mit Lammfond auffüllen und mit Salz und Pfeffer abschmecken. Zum Schluss mit Estragonessig verfeinern.

3. Den Thymian und den Oregano fein hacken und alle Zutaten mit Olivenöl und Orangensaft zu gleichen Teilen zu einer dickflüssigen Paste verrühren. Diese Marinade ist für 10 Personen bemessen, lässt sich aber mit einer kleineren Menge nicht gut herstellen. In einem Schraubglas mit einem in Alkohol getränkten Papier kann man sie im Kühlschrank einige Zeit aufheben.

4. Die Lammrippen mit der Gewürzpaste einreiben und 24 Stunden marinieren lassen. Die Rippen für 10 Minuten räuchern (auf das räuchern kann man im Notfall auch verzichten, dann werden die Rippchen nur nicht ganz so würzig). In einen Topf geben und zur Hälfte mit Lammfond (wie oben beschrieben) bedecken. Den Topf zudecken und die Rippchen im Ofen bei 140 °C für ca. 4–5 Stunden sehr weich schmoren. Dann herausnehmen und portionieren.

5. Die Lammknochen mit Maiskeimöl in einem Bräter anrösten. Das Fett abgießen und das Gemüse dazugeben. Weiter rösten und wenn das Gemüse Farbe angenommen hat, das Tomatenmark dazugeben. Den Knoblauch und den Thymian zufügen und mit Lammfond bedecken. Die Zutaten aufkochen und 1 Stunde köcheln lassen. Durch ein feines Tuch passieren und noch mal auf die Hälfte

Geschmorte
Lamm-Spareribs

reduzieren lassen. Mit fein geschnittenem Frühlingslauch, Tomatenessig und Kapern abschmecken.

6. Den Lammrücken in 4 Teile portionieren, würzen und kurz anbraten. Im Backofen bei 140 °C ca. 12–14 Minuten rosa braten. Herausnehmen, 1 Minute ruhen lassen und mit Joghurtkruste belegen. Mit sehr starker Oberhitze gratinieren.

7. Die weiche Butter schaumig schlagen. Den griechischen Joghurt einrühren. Mit Saft und Zesten von Orange und Zitrone, Salz und weißem Pfeffer abschmecken. Dann die Eigelbe und die Semmelbrösel unterheben. Zwischen zwei Blättern Backpapier ausrollen, einfrieren und im gefrorenen Zustand portionieren.

8. Die Navetten mit dem Geflügelfond in einen Topf geben, einmal aufkochen, 20 Minuten ziehen lassen und passieren.

9. Für das Gemüse die Navetten schälen und in 1 cm dicke Spalten schneiden. Diese dann rund ausstechen und an der dicken Seite etwas flach schneiden. Die Navettenabschnitte für die Sauce beiseite legen. Die Navettenspalten in Butter farblos anschwitzen, würzen und dann mit Navettenfond bedecken und weich garen.

10. Die Navettenabschnitte grob würfeln und mit der gewürfelten Schalotten und Butter anschwitzen. Mit Mehl bestäuben und mit kaltem Navettenfond bedecken. Lorbeer und Orangenscheibe dazugeben, würzen und die Navettenabschnitte weich kochen. Lorbeer und Orangenscheibe entnehmen und mit dem Stabmixer die Navetten pürieren. Durch ein feines Haarsieb passieren, nochmals aufkochen und mit Crème fraîche, Meerrettich und den Gewürzen abschmecken. Nochmals passieren.

11. Das Trockenfrüchteragout punktuell verteilen. Daneben das Navettengemüse mit der Navettensauce geben. Die Spareribs auf das Trockenfrüchteragout geben und den geschnittenen Lammrücken mit der Lammsauce daneben platzieren.

2 Stangen Frühlingslauch
1–2 EL Tomatenessig
1 EL Kapern

Lammrücken
½ ausgelöster Lammrücken
Salz, weißer Pfeffer aus der Mühle
Joghurtkruste

Joghurtkruste für Lamm
125 g weiche Butter
100 g griechischer Joghurt
je ½ EL Zitronen- und
Orangensaft
blanchierte Zesten von ½ Orange
und ½ Zitrone
Salz, weißer Pfeffer
3 Eigelbe
2–3 Handvoll Semmelbrösel

Navettenfond
500 g geschälte Navetten, grob
gewürfelt
1 l Geflügelfond

Navettengemüse
3 Navetten
Butter zum Glacieren
etwas Navettenfond
Muskatnuss
weißer Pfeffer aus der Mühle, Salz

Navettensauce
Abschnitte der Navetten
1 Schalotte
30 g Butter
etwas Mehl
250 ml Navettenfond
1 Lorbeerblatt
1 Orangenscheibe
2 EL Crème fraîche
1 TL Meerrettich
Salz
weißer Pfeffer aus der Mühle
Muskatnuss

Pluma vom Iberico-Schwein

mit Kerbelwurzel und gefüllter Schalotte

Für 4 Personen

4 Portionen Pluma (Rückendeckel)
vom Iberico-Schwein à 120 g

Fond von der Schweineschulter
Maiskeimöl
1 kg Schweineschulter, in kleine
Stücke geschnitten
150 g weiße Zwiebeln
500 ml Eiswasser

Jus vom Schwein
1 kg Schweineschulter
300 g weiße Zwiebeln
2 Stangen Staudensellerie
1 große Kartoffel
Fond vom Schwein
Salz, Pfeffer
Tomatenessig[1]

Feines Ragout vom Schwein
500 g Holzkohle
100 g Schweineschulter
30 g Lardo di Colonnata[2]
25 g Schalotten
1 Knoblauchzehe
25 ml Jus vom Schwein, wie oben
beschrieben

Gefüllte Schalotte
4 Schalotten
250 ml Geflügelfond
Salz, Pfeffer

Fertigstellung
5 EL Bolognese
1 EL Geflügelfarce
1 Eigelb
1 EL Jus
Salz, Pfeffer

(Zutaten weiter auf S. 94)

1. In einem Bräter Öl erhitzen und die Schulterstücke darin braun werden lassen. Die klein geschnittenen Zwiebeln zugeben und ebenfalls braun werden lassen, dann mit dem Eiswasser auffüllen und bei kleiner Hitze 60 Minuten köcheln lassen. Durch ein Sieb passieren.

2. Für die Herstellung der Jus nochmals Schulterstücke in kleine Stücke schneiden, in einem Bräter anbraten, bis sie eine dunkelbraune Farbe angenommen haben. Dann die klein geschnittenen Zwiebeln dazugeben, und diese ebenfalls braun werden lassen. Nun den Staudensellerie beigeben und mit dem passierten Fond auffüllen. Die Kartoffel fein reiben, in den Fond rühren und 1 ½ Stunden bei leichter Hitze köcheln lassen. Den Fond durch ein Sieb passieren und so weit reduzieren, bis die gewünschte Konsistenz erreicht ist. Mit Salz, Pfeffer und Tomatenessig abschmecken.

3. Die Holzkohle zum Glühen bringen. Das in Scheiben geschnittene, gewürzte Fleisch und den Lardo di Colonnata auf dem Rost über der Glut garen. Sollte kein Grillen möglich sein, kann man auch in einer Pfanne mit etwas Öl das Schweinefleisch und den Lardo braten. Anschließend abkühlen lassen und fein hacken. Die gewürfelten Schalotten und den gehackten Knoblauch anschwitzen, mit der Jus auffüllen, das geschnittene Fleisch zugeben und 2 Minuten mitköcheln lassen. Anschließend kalt stellen.

4. Die Schalotten vorsichtig schälen und dabei die Wurzel nicht abschneiden, damit sie beim Kochen nicht auseinanderfallen. Im gewürzten Geflügelfond ca. 30 Minuten weich garen, abkühlen lassen. Die Wurzel hinten großzügig abschneiden, so dass die einzelnen Schichten sichtbar sind. Dann vorsichtig die einzelnen Schichten aus der Mitte herausziehen. Die Schalottenhülsen und den Fond beiseite stellen.

5. Alles miteinander vermengen, in einen Spritzbeutel füllen, die Schalottenhülsen damit füllen, in eine Pfanne geben und mit dem Schalottenfond zur Hälfte auffüllen. Dann mit Aluminiumfolie abdecken und bei 180 °C ca. 18 Minuten garen.

Pluma vom Iberico-Schwein

6. Die Kerbelwurzeln schälen und am Wurzelende abschneiden. Dann in Butter anschwitzen und die gewürfelte Schalotte zugeben. Das Ganze mit Pernod und dem weißen Portwein ablöschen, mit dem Geflügelfond auffüllen und ca. 10 Minuten weich kochen. Danach salzen und pfeffern, die Butter zugeben und kochen lassen, bis die Bindung erreicht ist. Zum Schluss den Kerbel und die Kaiserschoten zufügen.

7. Die geschälten Kartoffeln mit Wasser und Salz aufsetzen und weich kochen. Dann die 200 ml Sahne aufkochen und mit Salz, Pfeffer und Muskat würzen. Wenn die Kartoffeln fast gar sind, das Wasser abseihen und die heiße Sahne über die Kartoffeln gießen. Die Kartoffeln mit der Sahne zu Püree stampfen, abdecken und 15 Minuten ruhen lassen. Dann das Kartoffelpüree durch ein Sieb streichen, die Butter unterrühren, nochmals abschmecken und erst kurz vor dem Servieren die geschlagene Sahne unterrühren und den gehackten Kerbel und die Kartoffelkrusteln zufügen.

8. Die Kartoffel in sehr feine Würfel schneiden, gut wässern und trocknen und dann rasch in heißem Fett goldgelb backen. Abseihen, auf ein Küchenpapier legen, salzen und pfeffern.

9. Das gewürzte Pluma in einer heißen Pfanne zügig braun anbraten und dann 13–14 Minuten bei ca. 120 °C garen. Nach dem Garen auf einen vorgewärmten Teller legen und mit Folie abdecken, damit es ruhen kann. Dann auf die linke Seite des Tellers einen Klecks Kartoffelpüree geben und darauf die gefüllte Schalotte setzen. In der Mitte des Tellers die Kerbelwurzel aufstellen und ein wenig Kerbelfond angießen. Das Pluma schließlich in 2 Tranchen schneiden, ein wenig Jus auf den Teller geben und darauf die Tranchen platzieren.

Kerbelwurzel
20 Kerbelwurzeln
25 g Butter
1 Schalotte
30 ml Pernod
30 ml weißer Portwein
150 ml Geflügelfond
Salz, Pfeffer
50 g Butter
1 EL Kerbel
2 EL Segmente von blanchierten Kaiserschoten

Kartoffelpüree
150 g mehlig kochende Kartoffeln
200 ml Sahne
Salz, Pfeffer
Muskat
Kerbel, gehackt
50 g Butter
50 ml Sahne, geschlagen

1) Tomatenessig: Die Wiener Essigbrauerei Gegenbauer ist in Fachkreisen und bei Gourmets der ganzen Welt dafür bekannt, dass ihre Produkte sich weit von der Masse abheben und echte „Spezialitäten" sind. So gibt es unter anderem reinsortige Apfelessige, Essig aus vielen verschiedenen Obstsorten bis zum Spargelessig sowie im Holzfass gereiften und fassweise abgefüllten Balsamico. Zu bestellen sind die Essige im Internet.

2) Lardo di Colonnata: Aus den apuanischen Alpen, genauer gesagt aus der Gegend um die Stadt Colonnata, ansonsten bekannt für ihren Marmor, stammt diese, fast in Vergessenheit geratene Spezialität des gereiften weißen Specks. Gewonnen wird er aus der mindestens fünf Zentimeter dicken Rückenschicht von Fett unter der Schwarte, was man nur bei alten, natürlich aufgezogenen Schweinerassen findet. Der mit Kräutern, Knoblauch und vor allem Salz eingeriebene Speck reift dort in Marmortruhen für ca. ein halbes Jahr und entfaltet sein volles Aroma am besten, wenn man ihn hauchdünn aufschneidet.

Rinderschulter konfiert

mit Petersilienwurzel und Perigord-Trüffel

Für 4 Personen

Rinderschulter

Salz
weißer Pfeffer aus der Mühle
50–70 g Butter
150 g Zwiebeln
150 g Karotten
150 g Staudensellerie
2 Strauchtomaten
ca. 2 kg Rinderschulter
1 Knoblauchknolle
1 Liebstöckelzweig
3 Lorbeerblätter
3 Thymianzweige
1 EL ganzer weißer Pfeffer
5 Wacholderbeeren
1 EL Blattpetersilie
Meersalz
Muskatnuss
Trüffelsaft

Rindersauce

ca. 500 g Abschnitte von der
Rinderschulter
Salz, Pfeffer, Mehl
Maiskeimöl zum Anbraten
Butter
75 g Zwiebeln, geschält und
gewürfelt
75 g Karotten, geschält und
gewürfelt
75 g Staudensellerie, gewürfelt
1 EL Tomatenmark
1 Knoblauchknolle
500 ml roter Portwein
500 ml Rotwein
Eiswasser oder Rinderfond
3 Lorbeerblätter
3 Thymianzweige
Salz
Weißer Pfeffer aus der Mühle

1. Die Zwiebeln und Karotten schälen und würfeln, den Sellerie würfeln und die Tomaten vierteln. Die Rinderschulter parieren und an den vorderen und hinteren Enden etwas abschneiden. Die schiere Rinderschulter sollte jetzt noch 1,5 kg wiegen. Die Abschnitte für die Rindersauce beiseite legen. Die Rinderschulter mit Salz und Pfeffer würzen. In einem Bräter Butter aufschäumen lassen und die Schulter kurz und mit wenig Farbe von allen Seiten leicht anbraten. Den Braten dann herausnehmen und die Gemüse, Gewürze und Kräuter in den Bräter geben und glasig anschwitzen. Mit Eiswasser oder Rinderfond auffüllen und mit Backpapier abdecken. Im Ofen ca. 12 Stunden bei 90–100 °C garen. Wenn das Fleisch weich ist, herausnehmen und den Fond durch ein feines Sieb passieren. Butter nach Geschmack dazugeben und auf eine sämige Konsistenz reduzieren lassen. Mit fein gehackter Blattpetersilie, Meersalz, Muskatnuss, und Trüffelsaft abschmecken.

2. Die Abschnitte mit Salz und Pfeffer würzen. Dann mit Mehl bestäuben und in einem Bräter mit heißem Öl anbraten. Sobald die Fleischstücke eine gleichmäßig braune Farbe angenommen haben, herausnehmen und das überschüssige Öl abgießen. Frische Butter in den Bräter geben und darin das Gemüse anbraten. Ist das Gemüse gleichmäßig karamellisiert, das Tomatenmark dazugeben und kurz anrösten. Abwechselnd 3- bis 5-mal mit Portwein und dann mit Rotwein ablöschen. Hierzu sollten jeweils 250 ml Portwein und 250 ml Rotwein verwendet werden. Mit Eiswasser oder Rinderfond auffüllen und ca. 2 Stunden leicht köcheln lassen. Die Sauce durch ein feines Sieb passieren. Den restlichen Portwein und Rotwein reduzieren lassen und die Sauce löffelweise daruntermischen. Mit brauner Butter abschmecken. Die Sauce kann mit frischem, fein gehackten Perigord-Trüffel verfeinert werden.

(Fortsetzung S. 96)

Rinderschulter konfiert

3. Die Petersilienwurzeln schälen und in Butter anschwitzen. Den Honig dazugeben und alles etwas karamellisieren lassen. Die Schalotte schälen, würfeln und zur Petersilienwurzel geben und ebenfalls karamellisieren lassen. Mit Geflügelfond leicht bedecken und weich kochen. Abschmecken. Den Fond abgießen. Die Petersilienwurzeln nochmals mit etwas Butter leicht karamellisieren, dann den Kochfond dazu, die Pinienkerne darüberstreuen und alles glacieren lassen.

4. Die Petersilienwurzeln schälen, grob würfeln und in Butter anschwitzen. Den Honig darübergeben und alles etwas karamellisieren lassen. Die geschälten und gewürfelten Schalotten dazu und nochmals karamellisieren lassen. Mit Geflügelfond leicht bedecken und weich kochen. Anschließend abschmecken. Den Fond abgießen. Dann die gekochten Petersilienwurzeln mit Kochfond und etwas Butter cremig mixen. Zum Schluss fein pürierte Blattpetersilie unterheben.

5. Den Banyuls und den roten Portwein auf die Hälfte reduzieren. Mit Geflügelfond und Trüffelsaft auffüllen und wieder auf die Hälfte reduzieren. Mit Trüffel und kalter Butter aufmixen und mit Salz und Pfeffer abschmecken.

6. Die Rinderschulter in Scheiben schneiden und mit ihrem Fond leicht bedecken. Die Rindersauce danebengeben. Die Petersilienwurzel platzieren und aus dem Püree Nocken stechen. In die Nocke eine Mulde machen und den Banyuls-Fond vorsichtig hinein geben. Man kann über die Rinderschulter noch Scheiben vom Perigord-Trüffel geben, die man zuvor in etwas brauner Butter schwenkt!

Petersilienwurzel
10 Petersilienwurzeln
20 g Butter
1 El Waldhonig
1 Schalotte
ca. 200 ml Geflügelfond
Salz
weißer Pfeffer aus der Mühle
Muskatnuss
2 EL geröstete Pinienkerne

Petersilienwurzelpüree
10 Petersilienwurzeln
ca. 20 g Butter
1 El Waldhonig
2 Schalotten
200 ml Geflügelfond
weißer Pfeffer aus der Mühle
Muskatnuss
pürierte Blattpetersilie
Salz

Banyuls-Fond
100 ml Banyuls
50 ml roter Portwein
200 ml Geflügelfond
100 ml Trüffelsaft
50 g frischer Perigord-Trüffel
100 g kalte Butter
Salz
weißer Pfeffer aus der Mühle

Gemüse

Rote Bete, konfiert und roh mariniert
Sellerie-Flan mit Pomelomarinade
Variation vom Kohl
Pochiertes Ei auf roter Paprika
Steinpilze in Pergament gegart

Rote Bete,
konfiert und roh mariniert

mit Sauerrahm und Curry

1. Die Roten Bete schälen und in 4 cm dicke Scheiben schneiden. Mit einem Ausstecher von 3 cm Durchmesser so viele Zylinder ausstechen wie möglich und diese diagonal halbieren. Die Reste klein schneiden. Das Wasser mit dem Sherry-Essig und dem Zucker sowie Salz und Kümmel in einem Topf vermischen. Nun die Reste der Roten Bete dazugeben und weich kochen, mit einem Zauberstab fein mixen und passieren. In dem passierten Fond die halbierten Rote-Bete-Zylinder langsam weich konfieren, die Rote-Bete-Zylinder aus dem Fond nehmen und den Fond mit dem Erdnussöl aufmixen. Die Roten Bete wieder in die Marinade geben und auskühlen lassen.

2. Die Rote Bete schälen und halbieren, eine Hälfte beiseite legen. Mit Hilfe eines Küchenhobels die andere Hälfte in sehr dünne Scheiben schneiden. Anschließend die Scheiben zuckern, salzen und mit Sherry-Essig und Erdnussöl marinieren.

3. Das Wasser und den Zucker aufkochen und kurz köcheln lassen, bis sich der Zucker komplett gelöst hat. Die geschälte Rote Bete mit Hilfe eines Küchenhobels in sehr feine Scheiben schneiden. Mit Hilfe eines Ausstechers von 1,5 cm Kreise ausstechen. Die ausgestochenen Rote-Bete-Scheiben in dem Zuckersirup kurz weich blanchieren und durch ein Sieb abgießen. Die Scheiben auf ein Stück Backpapier legen und im Ofen bei 50 °C langsam trocknen.

4. Die Gewürzbrotscheiben in 8 Rechtecke à 5 x 3 cm schneiden. Backpapier mit Erdnussöl bestreichen und die Rechtecke darauflegen, mit Backpapier bedecken und zwischen zwei Blechen bei 180 °C etwa 3–4 Minuten goldbraun backen.

5. Die Kartoffel schälen und in sehr dünne Scheiben schneiden. Danach in feine Streifen und dann in ganz feine Würfel. Die Kartoffelwürfel im heißen Öl goldbraun ausbacken, auf Küchenpapier abtropfen lassen und mit Salz würzen.

6. Die Kartoffeln schälen, klein schneiden und in Salzwasser weich kochen. Die Kartoffeln abgießen, Butter und Sahne dazugeben und ein Püree herstellen. Das Kartoffelpüree durch ein feines Sieb

Für 4 Personen

Rote Bete konfiert
5 große Rote-Bete-Knollen
200 ml Sherry-Essig
50 g Muskovado-Zucker oder
brauner Zucker
Salz
700 ml Wasser
5 g ganze Kümmelsamen
100 ml Erdnussöl, geröstet

Rote Bete roh mariniert
1 dicke Knolle Rote Bete
Salz, Zucker
Sherry-Essig
Erdnussöl, geröstet

Rote-Bete-Chips
50 g Zucker
50 ml Wasser
½ dicke Knolle Rote Bete

Gewürzbrotchips
4 sehr dünne Scheiben Gewürzbrot
etwas Erdnussöl

Kartoffelkrusteln
½ Kartoffel
300 ml Öl zum Ausbacken, Salz

Kartoffelterrine
4 mittelgroße mehlig kochende
Kartoffeln
75 g Butter
200 ml Sahne
500 g griechischer Joghurt
12 Blatt Gelatine
200 ml Sahne
½ Limette
Salz, Pfeffer, Zucker, Muskat

(Zutaten weiter auf S. 102)

Rote Bete,
konfiert und roh mariniert

streiche und mit dem Joghurt vermengen. Die Gelatine einweichen. Anschließend die Kartoffel-Joghurt-Mischung mit der zweiten Portion Sahne glatt rühren und mit Salz, Pfeffer Muskat, Zucker und Limettensaft abschmecken. Von der Kartoffelmasse 1 kg abwiegen, einen Teil davon zusammen mit der ausgedrückten Gelatine in einen Topf geben und leicht erwärmen, bis die Gelatine sich auflöst. Nun unter die restliche Masse rühren. Ein Blech von 30 cm x 20 cm mit hohem Rand mit Folie auslegen und im Gefriergerät kalt stellen. Die Kartoffelmasse kalt rühren und in eine Syphonflasche füllen, mit zwei Kapseln begasen. Den Kartoffelschaum auf das eisgekühlte Blech spritzen und 10 Minuten im Gefrierschrank anziehen lassen, danach 3 Stunden in den Kühlschrank stellen. Die Terrine in 7 cm lange, 2 cm hohe und 1 cm breite Quader schneiden.

7. Die Geflügelbrühe auf 50 ml reduzieren und abkühlen lassen. Anschließend die reduzierte Geflügelbrühe zusammen mit den Erdnüssen, dem 5-Minuten-Ei und dem Honig mit dem Zauberstab fein mixen. Das Erdnussöl langsam, wie bei einer Mayonnaise, einlaufen lassen und durch ein feines Sieb passieren. Mit einem Spritzer Limettensaft und Salz abschmecken.

8. Die Crème fraîche mit der sauren Sahne mischen und mit Piment d'Espelette und Salz abschmecken. Das Ganze in der Küchenmaschine aufschlagen und anschließend kalt stellen.

9. Von den konfierten Roten Beten 2 Stück in die Mitte des Tellers setzen, danach je 1 Stück in die Mitte ganz oben und ganz unten setzen. Von der Erdnuss-Sauce jeweils ½ TL zwischen die konfierten Rote Bete träufeln. Nun die roh marinierten Rote Bete auf der Erdnuss-Sauce anrichten und mit gehackten salzigen Erdnüssen bestreuen. Die Kartoffelterrine von jeder Seite zur Hälfte in den Kartoffelkrusteln wenden, rechts in die Mitte des Tellers setzen und an jede Seite je einen Gewürzbrotchip kleben. Den Sauerrahm in einem Ring 0,5 cm hoch links in der Mitte des Tellers anrichten, jeweils zwei Rote-Bete-Chips daraufsetzen und mit Currypulver bestreuen.

Erdnuss-Sauce
500 ml Geflügelbrühe
1 Handvoll geröstete und gesalzene Erdnüsse
1 Ei, 5 Minuten gekocht
½ TL Honig
200 ml Erdnussöl
½ Limette
Salz

Sauerrahm
200 g Crème fraîche
50 g saure Sahne
Piment d'Espelette
Salz

gehackte, salzige Erdnüsse
Currypulver

Sellerie-Flan
mit Pomelomarinade

und Kartoffelcannelloni

Für 4 Personen

Sellerie-Flan
75 g Sahne
2 Blatt Gelatine
50 g Petersilie
200 g Püree vom Knollensellerie
100 g Ei
50 g Eigelb
Salz
weißer Pfeffer

200 g Ofentomaten

Pomelomarinade
75 g Orangensaft
Safran
10 g feiner Dijon-Senf
100 g Traubenkernöl
gezupftes Pomelofruchtfleisch,
ca. von ¼ Pomelo
etwas gehackte Ofentomaten

Kartoffelcannelloni
4 große Selleriescheiben
160 g Kartoffelpüree
40 g frittierte Kartoffelwürfel

1. Die Sahne erwärmen und darin die in kaltem Wasser eingeweichte Gelatine auflösen. Die Petersilie blanchieren und fein pürieren. Mit allen weiteren Zutaten gut vermengen, abschmecken und in ein passendes Gefäß, das 3–4 cm hoch ist, füllen. Mit Klarsichtfolie vorsichtig abdecken und ca. 2 Stunden bei 80 °C im Ofen garen. Wenn es fest ist, herausnehmen und kühl stellen. Die Ofentomaten gut abtropfen lassen und sehr fein hacken. Den ausgekühlten Sellerie-Flan nun mit einem runden Ausstecher portionieren und dann abwechselnd jeweils zwei Portionen Flan und Ofentomaten übereinanderschichten, wobei die Ofentomaten den Abschluss bilden sollten. Kurz vor dem Anrichten über Dampf erwärmen.

2. Den Orangensaft mit Safran, Senf und Traubenkernöl mit einem Stabmixer aufschlagen. Danach das gehackte Fruchtfleisch der Pomelo und die Ofentomaten dazugeben.

3. Die Selleriescheiben in Salzwasser blanchieren und trocknen. Das Kartoffelpüree mit den frittierten Kartoffelwürfeln vermengen. In einen Spritzbeutel mit Lochtülle geben. Auf die Sellerieschebe eine Kartoffelrolle spritzen und diese mit dem Sellerie einwickeln. Kurz vor dem Anrichten in einer gebutterten Pfanne erwärmen.

4. Auf einen vorgewärmten Teller jeweils zwei Törtchen von Sellerie-Flan und Ofentomaten setzen und dazwischen ein Stück von der Kartoffelcannelloni. Den Teller mit der Pomelomarinade garnieren und nach Geschmack mit Friséesalat, frittierten Selleriescheiben und Staudensellerieblättern dekorieren.

Variation vom Kohl

Rotkohl mit Apfel
Spitzkohl mit Salbei
Rosenkohl mit Muskatblüte

Rotkohl mit Apfel

1. Die Rotkohlblätter in gesalzenem Wasser ca. 2–3 Minuten blanchieren und dann in kaltem Wasser abschrecken. Den Strunk herausschneiden und zurechtschneiden. Die Rotkohlblätter trocken legen.

2. Die Schalotten in Scheiben schneiden und die Äpfel schälen und in mittelgroße Würfel schneiden. Die Schalotten in Butter goldgelb andünsten. Den Geflügelfond und Reis zufügen und ca. 10 Minuten köcheln lassen. Die Apfelwürfel dazugeben und so lange kochen lassen, bis die Flüssigkeit verkocht ist. Mit Salz und Pfeffer abschmecken und kalt stellen.

3. Die Rotkohlblätter ausbreiten und auf jedes Blatt ca. 1–2 EL von der Apfel-Reismasse länglich verteilen. Fest einrollen, mit Hilfe von Klarsichtfolie nochmals fest einschlagen und mit Alufolie ebenfalls eindrehen, bis die Rolle eine „Spannung" bekommt. In kochendem Wasser die Rollen 35 Minuten köcheln lassen, in Eiswasser abschrecken, auspacken und zum Anrichten bei Zimmertemperatur in einer gebutterten Pfanne mit etwas Rotkohlsauce erwärmen.

4. Den Rotkohl von den äußeren Blättern befreien, vierteln, den Strunk herausschneiden und grob würfeln. Die Äpfel und die Zwiebeln schälen und grob würfeln und den Rotkohl zusammen mit Äpfeln, Zwiebeln, Rotwein, Himbeeressig, braunem Zucker, Portwein, Geflügelfond und Reis aufsetzen und ca. 1 ½ Stunden köcheln lassen. Dann durch ein Haarsieb passieren.

5. Den Fond auf ein Drittel einreduzieren, mit der Butter binden und mit Salz, braunem Zucker und Himbeeressig abschmecken. Eventuell nochmals reduzieren, bis ein sämige Sauce entsteht.

Für 4 Personen

4 Rotkohlblätter
4 Schalotten
2 Äpfel, Sorte Gala
½ EL Butter
250 ml Geflügelfond
1 EL Rundkornreis
Salz
weißer Pfeffer aus der Mühle

Rotkohlsauce
1 Rotkohl
2 Äpfel, Sorte Gala, geschält und grob gewürfelt
2 weiße Zwiebeln, geschält und gewürfelt
750 ml Rotwein, trocken
250 ml Himbeeressig
40 g brauner Zucker
350 ml roter Portwein
500 ml Geflügelfond
2 EL Rundkornreis, roh
125 g Butter
Salz

Variation vom Kohl

Spitzkohl mit Salbei

1. Die Blätter in gesalzenem Wasser ca. 2–3 Minuten blanchieren, bis sie weich sind. Dann 4 Kreise mit einem Durchmesser von 10 cm ausstechen und trocken tupfen.

2. Den restlichen Spitzkohl klein schneiden und mit ca. 750 ml Geflügelfond aufsetzen, dann 20 Minuten leicht köcheln lassen und durch ein Haarsieb passieren.

3. Für den Schaum 50 ml beiseite stellen und mit 1 Salbeiblatt, Salz, weißem Pfeffer aus der Mühle, etwas Zitronensaft und 1 g Soja-Lecithin aufmixen.

4. Die 25 g Butter in einem Topf aufschäumen lassen. Den Spitzkohl klein schneiden, die Zwiebel und den Knoblauch schälen und würfeln und in der Butter anschwitzen, mit Weißwein ablöschen und mit Spitzkohlfond auffüllen. Etwa auf die Hälfte einkochen und mit dem Zauberstab pürieren. Durch ein Haarsieb passieren und mit 50 g Butter aufmixen. Mit Salz, weißem Pfeffer aus der Mühle und Zitronensaft abschmecken und zum Schluss fein gehackten Salbei zugeben.

5. Für die Füllung die Schalotte schälen, fein schneiden und mit den Graupen in aufgeschäumter Butter anschwitzen, mit Spitzkohlfond auffüllen und so lange kochen, bis die Perlgraupen weich sind und die Flüssigkeit fast weg ist. Die Navette schälen, in feine Würfel schneiden und dazugeben und das Ganze 3 Minuten weiter köcheln lassen. Mit fein geschnittenem Salbei, Salz und Pfeffer abschmecken und kühl stellen. Das ausgestochene Kohlblatt in eine leicht geölte Schöpfkelle legen und mit der Navetten-Graupenmasse füllen und zuklappen. Im Backofen unter der Folie bei 80 °C ca. 15 Minuten erwärmen.

½ Spitzkohl
davon die 2 schönsten äußeren Blätter

Spitzkohlsauce
Salz
weißer Pfeffer aus der Mühle
Saft von ½ Zitrone
1 g Soja-Lecithin
25 g Butter
750 ml Geflügelfond
½ Spitzkohl
1 weiße Zwiebel
½ Knoblauchzehe
100 ml Weißwein
350 ml Spitzkohlfond (wie oben zubereitet)
50 g Butter zum Mixen
2 Salbeiblätter

Füllung
1 Schalotte
1 ½ EL Perlgraupen
25 g Butter
300 ml Spitzkohlfond
1 Navette
2 Salbeiblätter
Salz, Pfeffer

Variation vom Kohl

Rosenkohl mit Muskatblüte

16 Stück Rosenkohl

Rosenkohlpüree
die klein geschnittenen
Rosenkohlabschnitte
2 kleine Schalotten
15 g Butter
200 ml Geflügelfond
1 EL Crème fraîche
20 g Butter

Sauce
2 Schalotten
1 Knoblauchzehe
4 Stück Rosenkohl
30 g Butter
1 Tomate
1 Msp Curcuma
240 ml Geflügelfond
¼ EL Muskatblüte
5 g Butter

Croutons
1 ½ Scheiben Weißbrot
20 g Haselnussöl
frisch geriebener Muskat

1. Die äußeren Blätter abzupfen – man benötigt 16 Blätter – und bissfest in gesalzenem Wasser blanchieren.

2. Den restlichen Rosenkohl klein schneiden. Die Rosenkohlabschnitte mit den geschälten und klein geschnittenen Schalotten und aufgeschäumter Butter anschwitzen und mit dem Geflügelfond auffüllen. Die Flüssigkeit komplett reduzieren lassen und mit Crème fraîche und der Butter pürieren, zum Schluss durch ein feines Sieb streichen.

3. Für die Sauce die Schalotten und den Knoblauch schälen und würfeln, Rosenkohl würfeln und alles in Butter anschwitzen. Die Tomate vierteln und mit dem Curcuma dazugeben, mit Gemüsefond auffüllen, aufkochen und Muskatblüte zufügen. Ca. 10 Minuten ziehen lassen. Dann passieren, auf die Hälfte reduzieren und mit Butter binden.

4. Das Weißbrot in feine Würfel schneiden und in Haselnussöl ausbacken und abtropfen lassen.

5. Die blanchierten Rosenkohlblätter in einer Pfanne erwärmen und in einer Reihe anrichten. Mit Rosenkohlpüree füllen, Croutons verteilen und mit frisch geriebenem Muskat würzen. Mit Muskatblütensauce bedecken. Die Spitzkohlsauce kreisförmig verteilen und den erwärmten Spitzkohlkopf daraufsetzen und mit dem Spitzkohlschaum garnieren. Die erwärmte Rotkohlroulade daneben platzieren und mit der Rotkohlsauce bedecken.

Pochiertes Ei auf roter Paprika

mit Essig-Gemüsefond

Für 4 Personen

Paprikagemüse
4 rote Spitzpaprika
2 Schalotten, gewürfelt
¼ Knoblauchzehe
Butter
Paprikaöl oder Paprikaessenz
(Paprika 3000)
40 ml Trüffeljus
150 ml Geflügelfond
Salz, weißer Pfeffer aus der Mühle

Essig-Gemüsefond
125 ml Kirschsaft
50 ml Kirschessig
etwas Butter
40 ml Trüffeljus
Salz, weißer Pfeffer aus der Mühle
125 g Maronen, geschält und
gekocht
125 ml Geflügelfond
½ Karotte, ¼ Knollensellerie
½ Stange Staudensellerie
1 Schwarzwurzel
1 ½ weiße Zwiebeln
1 ½ Petersilienwurzel

2 Karotten
1 mittelgroße Sellerieknolle
Butter

Brokkolisalz (kleinere Menge nicht
möglich)
2 EL Schnittlauch, 1 Estragonzweig
1 Brokkoli, 25 g Navetten
50 g Maldon-Salz*

Pochiertes Ei
4 große, frische Hühnereier
etwas Trüffelöl oder Traubenkernöl

*Maldon Sea Salt: Dieses Salz wird im Süden
Englands in einem speziellen Verfahren gewonnen
und zeichnet sich durch besondere Frische und
Milde aus. Empfehlenswert ist in jedem Fall ein
hochwertiges Meersalz.

1. Spitzpaprika im Ofen unter Oberhitze garen bis sich die Haut schwarz färbt und sich abziehen lässt. Dann in Würfel schneiden. Schalottenwürfel in Butter anschwitzen, Knoblauch und Paprikastückchen dazugeben. Paprikaessenz zufügen, mit Trüffeljus ablöschen, mit dem Geflügelfond aufgießen. Alles ca. 15 Minuten köcheln, salzen und pfeffern.

2. Die Maronen in Butter anschwitzen, mit Geflügelfond auffüllen und ca. 10 Minuten kochen lassen und abpassieren. Der gewonnene Maronenfond wird später weiterverwendet. Das Gemüse schälen und würfeln. Die Hälfte davon in etwas Geflügelfond blanchieren und in Kirschsaft und Kirschessig einlegen. Für 24 Stunden im Sud ziehen lassen, danach abgießen. Mit dem restlichen Gemüse mischen und in Butter anschwitzen. Nun mit dem Maronenfond und dem Trüffelsaft auffüllen. Mit Geflügelfond bedecken und mit Salz, Pfeffer und Kirschessig würzen. Kochen lassen bis das Gemüse weich ist. Dann auf ein Sieb geben und abtropfen lassen.

3. Karotten und Sellerie in feine Würfel schneiden, in Butter anschwitzen, mit Essig-Gemüsefond aufgießen und noch mal mit Trüffeljus, Kirschessig, Salz und Pfeffer abschmecken. Wenn sie weich sind, mit Butter binden.

4. Schnittlauch und Estragon fein hacken, Brokkoli in kleine Röschen teilen, blanchieren und aus der Navette kleine Würfel schneiden und salzen. Alle Zutaten miteinander vermischen.

5. Hühnereier einzeln vorsichtig aufschlagen und Eiweiß vom Eigelb trennen. Eine hitzebeständige Klarsichtfolie mit Öl bestreichen und darauf das Eigelb mit dem Eiweiß legen. Vorsichtig zu einem kleinen Beutel verschnüren. In 85 °C heißem Wasser etwa 4 Minuten pochieren. Sofort auspacken, in flüssiger Butter wenden und servieren.

6. Das rote Paprikagemüse mittig auf einem vorgewärmten tiefen Teller anrichten. Den Essig-Gemüsefond verteilen. Das pochierte Ei in frittierten Kartoffelwürfeln wälzen und mit Brokkolisalz bestreuen. Auf das Paprikagemüse setzen und sofort servieren.

Steinpilze
in Pergament gegart

mit Limonenrisotto

1. Steinpilze putzen, grob würfeln und mit Öl in einem Topf scharf anbraten. Schalotten ebenfalls grob würfeln, den Knoblauch dazugeben und mit anbraten lassen. Mit Thymian, Salz, Pfeffer und Muskat würzen. Mit Geflügelfond auffüllen, fein geriebene Kartoffeln beigeben, aufkochen und ca. 20 Minuten köcheln. Abschmecken, 10 Minuten ziehen lassen und durch ein Haarsieb passieren.

2. Steinpilze putzen, so dass 60 g pro Portion übrig sind. Den weiteren Steinpilz putzen und klein würfeln. Perlzwiebeln schälen und mit etwas Steinpilzfond schmoren. Etwas erkalten lassen und dann vorsichtig halbieren. Die Karotten- und Steckrübenwürfel blanchieren. Ein Pergamentpapier auslegen und die ganzen Steinpilze und das Gemüse (Karotten- und Steckrübenwürfel, Perlzwiebel, Steinpilzwürfel, Ofentomaten) und die Gewürze der Länge nach verteilen, mit Salz und Pfeffer würzen. Steinpilzfond darübergeben, einrollen, wie ein Bonbon einwickeln und an beiden Enden zubinden. Bei 180 °C ca. 12 Minuten im Ofen backen.

3. Für den Limonenrisotto 30 g Butter aufschäumen lassen, Schalotten darin kurz anschwitzen. Reis zufügen und kurz anrösten. Knoblauch und den Thymian zufügen, alles mit Wein ablöschen und diesen unter Rühren verdampfen lassen. Mit der Hälfte des Geflügelfonds auffüllen, aufkochen und ca. 12 Minuten bei mittlerer Hitze kochen lassen, bei Bedarf immer wieder mit Geflügelfond auffüllen.

4. Die Limonen unter heißem Wasser waschen und abtrocknen. Die Schale abreiben und beiseite stellen. Die Limone gründlich schälen und die Filets herauslösen. Den Saft aus den Trennhäuten drücken. Die klein geschnittenen Filets und den Saft nach 12 Minuten unter den Risotto mischen. Den frisch geriebenen Parmesan und die restliche Butter in den Risotto rühren und zum Schluss die Limonenschale einrieseln lassen. Mit Salz und Pfeffer abschmecken.

5. Steinpilze aus dem Ofen nehmen, Bindfaden aufschneiden und Steinpilze auf dem Risotto verteilen. Mit dem Steinpilzfond aus dem Pergament und dem Gemüse überglänzen. Öffnet man die „Pergamentbonbons" am Tisch, verbreitet sich der Duft der Steinpilze.

Für 4 Personen

Steinpilzfond
500 g Steinpilze
Öl zum Braten
100 g geschälte Schalotten
½ Knoblauchknolle
5 Zweige Thymian
Salz
weißer Pfeffer aus der Mühle
Muskatnuss
500 ml Geflügelfond
125 g Kartoffel

Steinpilze in Pergament
12 Steinpilze
1 Steinpilz
12 Perlzwiebeln
100 ml Steinpilzfond
2 EL Karottenwürfel
2 EL Steckrübenwürfel
1 EL Ofentomaten, fein gehackt
2 Thymianzweige
2 Knoblauchzehen, angedrückt
Salz und Pfeffer
Pergamentpapier
Bindfaden

Limonenrisotto
100 g Butter
2 Schalotten, fein gewürfelt
160 g Risotto-Reis (Aquarello)
1 Knoblauchzehe
2 Thymianzweige
50 ml trockener Weißwein
500 ml Geflügelfond
2 Limonen
70 g Parmesan
Salz
weißer Pfeffer aus der Mühle

Desserts

Quitten geschmort
Rote-Bete-Ananas mit Pistaziencreme
Gefüllte Zwergorange mit Haselnusstörtchen
„Mon Cherie" von der Herzkirsche
Exotische Früchte mit Mokka-Mascarponecreme

Quitten geschmort

mit Ziegenkäseschaum und Kaffee

1. Alle Zutaten miteinander verrühren und in eine Syphonflasche mit 2 Gaspatronen füllen.

2. Die Quitten schälen und in Würfel von etwa 1,5 cm x 1,5 cm schneiden. Es sollten etwa 400 g fertige Quittenwürfel sein. Den Zucker karamellisieren lassen und die Quittenwürfel in einer ofenfesten Form damit übergießen. Nun ca. 1 Stunde bei 150 °C backen. Erkalten lassen, in eine Form, zum Beispiel Kastenform, pressen und kühl stellen. Dann anfrieren lassen und portionieren.

3. Bis auf Mehl und Ei alle Zutaten gut verrühren. Dann das Mehl einsieben, nochmals gut verrühren und verkneten. Sobald ein homogener Teig entsteht, das Ei verkneten. Kalt stellen. Mit einem Nudelholz 2 mm dick ausrollen und dünne Streifen schneiden. Die Teigstreifen in 190 °C heißem Fett frittieren, bis sie eine goldgelbe Farbe haben und sich zu einem Ring geformt haben. Abtropfen lassen und sofort mit Puderzucker bestreuen. Die hier verwendeten Zutaten ergeben Hippen in größerer Menge, die auch zum Kaffee gereicht werden können.

4. Vom Sherry 1 l auf 150 ml einkochen. Mit 350 ml Sherry auffüllen und nochmals aufkochen. Den Zucker mit dem Eigelb verrühren und den Sherry aufgießen. Mit der Butter mixen und zur Rose abziehen. Die eingeweichte Gelatine darin auflösen. Erkalten lassen und mit PX Sherry-Essig abschmecken.

5. Den Ziegenkäseschaum auf die frittierten Kaffeehippen schäumen. Das Quittenragout und das Sherry-Eis jeweils daneben dekorieren.

Für 4 Personen

Ziegenkäseschaum
200 g Ziegenkäse
50 g Buttermilch
50 g Ahornsirup
30 g Zucker
Saft von 1 Zitrone

Geschmorte Quitte
500–600 g Quitten
100 g Zucker

Frittierter Kaffee-Ölteig
65 g Maiskeimöl
15 ml Kaffeelikör
20 ml Orangensaft und etwas Orangenabrieb
25 ml Weißwein
5 g schwarzer Sesam
2 g gemahlener Zimt
40 g Zucker
250 g Mehl
1 Ei
Frittierfett

Sherry-Eis
1,350 l trockener Sherry
75 g Zucker
150 g Eigelb
100 g Butter
2 Blatt Gelatine
PX Sherry-Essig

Rote-Bete-Ananas mit Pistaziencreme

und Grießflammeri

Für 4 Personen

Grießflammeri
250 g Milch
Mark von 1 Vanillestange
Abrieb von Orange und Zitrone
30 g Hartweizengrieß
80 g Eigelb
120 g Zucker
2 Blatt Gelatine
Saft von 1 Orange
Saft von 1 Zitrone
250 g geschlagene Sahne

Rote-Bete-Püree und Sorbet
500 g Rote Bete
500 g Rote-Bete-Saft
100 g Zucker
Rosenessig oder Himbeeressig
Zitronensaft
Zucker zum Abschmecken
1 Blatt Gelatine

Rote-Bete-Waffel
1 Rote Bete Knolle
50 g Puderzucker

Pistaziensabayon
100 g Eigelb
80 g Zucker
1 ½ Blatt Gelatine
30 g Kirschwasser
3 EL Pistazienmark
120 geschlagene Sahne

Ananasschaum
400 g Ananaspüree
Saft von 1 Zitrone
35 g Zucker
2 Blatt Gelatine

Ananaswürfel zur Deko
Zitronensaft
Zucker

1. Milch mit dem Vanillemark, Zitronen- und Orangenabrieb nach Geschmack würzen und aufkochen. Grieß in die heiße Milch geben und 5 Minuten ziehen lassen. Eigelb und Zucker verrühren und in die Grießmasse geben. Orangen- und Zitronensaft erwärmen, darin die eingeweichte Gelatine auflösen und in die Grießmasse geben. Auf Zimmertemperatur herunterkühlen, die geschlagene Sahne unterheben, in einen Spritzbeutel füllen und kühl stellen.

2. Die Rote Bete schälen, im Rote-Bete-Saft mit Zucker und Essig weich kochen, pürieren und mit Zucker, Essig und Zitronensaft abschmecken. Das Püree in zwei Portionen aufteilen. In der einen, noch heißen Hälfte die eingeweichte Gelatine auflösen, unterrühren und kühl stellen. Vor dem Anrichten in einen Spritzbeutel füllen. Die andere Hälfte einfrieren.

3. Für die Rote-Bete-Waffel die Rote Bete in Julienne reiben und ausdrücken. Als kleine Häufchen auf Backpapier verteilen, leicht andrücken und mit Puderzucker bestäuben. Etwa 1 Stunde bei 100 °C trocknen. Dabei die Ofentür ab und zu öffnen damit die Feuchtigkeit entweichen kann.

4. Das Eigelb mit dem Zucker schaumig schlagen. Die in kaltem Wasser eingeweichte Gelatine im heißen Kirschwasser auflösen. Zusammen mit dem Pistazienmark in die Eigelbmasse geben. Dann die Sahne unterheben. Kalt stellen. Kurz vor dem Anrichten in einen Spritzbeutel geben und damit Kreise auf den Teller dressieren.

5. Das Ananaspüree mit dem Zitronensaft und dem Zucker auf 60 °C erwärmen. Die kalt eingeweichte Gelatine darin auflösen und in Syphonflaschen füllen. Kalt stellen bis zum Servieren.

6. Zum Anrichten die Ananaswürfel mit Zitronensaft und Zucker abschmecken, auf dem aufgespritzten Ananasschaum verteilen. In vier kleine Gläser abwechselnd Grießcreme und Rote-Bete-Püree spritzen und mit einer Rote-Bete-Waffel garnieren. Die Pistaziencreme aufspritzen und mit Ananasschaum und Ananaswürfeln füllen. Aus dem Rote-Bete-Sorbet Nocken stechen und platzieren.

Gefüllte Zwergorange mit Haselnusstörtchen

und Wacholdereis auf Hagebutte

1. Ei mit Zucker schaumig schlagen, Haselnusspaste mit Zartbitterschokolade bei 45 °C auflösen. Die ausgedrückte Gelatine darin ebenfalls auflösen und alles in die Ei-Zucker-Mischung geben. Etwas herunterkühlen und die geschlagene Sahne unterheben. Die Hälfte der Mousse ca. 3 Stunden kühl stellen und kurz vor dem Anrichten in Spritzbeutel füllen. Die zweite Hälfte Haselnussmousse in rechteckige Förmchen (8 x 3 x 1,5 cm) füllen und einfrieren. Wenn sie komplett gefroren sind, aus der Form stürzen und mit Hilfe eines Rings von 1,5 cm Durchmesser in der Mitte ein Loch ausstechen. Danach mit Vollmilchschokolade absprühen oder überziehen.

2. Wasser mit Zucker aufkochen. Haselnüsse dazugeben, weiter kochen lassen und unter Rühren karamellisieren lassen. Öl zugießen und alles vermischen.

3. Für die Sesamhippe alle Zutaten bis auf den Sesam miteinander verrühren und 1 Stunde kalt stellen. Auf eine Backmatte streichen, mit schwarzem Sesam bestreuen, bei 180 °C ca. 5 Minuten backen.

4. Die Zwergorangen mit einer Nadel mehrmals anstechen. Alle weiteren Zutaten verrühren und aufkochen, die Zwergorangen einlegen und bei 80 °C für 3 Stunden ziehen lassen. Gelegentlich umrühren. Erkalten lassen, die Zwergorangen herausnehmen, mit dem Haselnussmousse füllen (pro Teller 3–4 Stück) und die Sesamhippe anstecken.

5. Sahne und Milch mit den Wacholderbeeren aufkochen, 1 Stunde ziehen lassen. Zucker und Eigelb verrühren, in die Sahne-Milch-Mischung geben und zur Rose abziehen. Anschließend passieren und mit Zitronensaft und Gin abschmecken, einfrieren.

6. Hagebuttenmark mit Zitronensaft und Zucker abschmecken, Wasser dazugeben. Auf ein flaches Blech geben und einfrieren.

7. Haselnusstörtchen mit kandierten Haselnüssen und Schokoglasur verzieren. Zwergorangen mit Haselnussmousse und Sesamhippe dekorieren, Wacholdereis auf dem Hagebuttenmark platzieren. Schokokrokant mit Hagebuttenmark bestreuen und anrichten.

Für 4 Personen

Haselnussmousse
1 Ei
30 g Zucker
60 g Haselnusspaste
15 g Zartbitterschokolade
1 ½ Blatt Gelatine, in kaltem Wasser eingeweicht
125 g geschlagene Sahne

Karamellisierte Haselnüsse
20 g Wasser
25 g Zucker
100 g geschälte, ganze Haselnüsse
10 g Haselnussöl

Sesamhippe
125 g Puderzucker
60 g Orangensaft
60 g Mehl
60 g flüssige Butter
etwas schwarzer Sesam

Konfierte Zwergorangen
1 kg Zwergorangen
250 g Orangensaft
250 g Zucker
100 g Grand Marnier
100 g Glucose
Saft von 1 Zitrone

Wacholdereis
250 ml Sahne
250 ml Milch
ca. 12 zerdrückte Wacholderbeeren
100 g Zucker
2 Eigelb
etwas Zitronensaft und Gin

Geeistes Hagebuttenmark
180 g Hagebuttenmark
Zitronensaft
Zucker
250 g Wasser
etwas Schokoglasur und Schokokrokant

„Mon Cherie" von der Herzkirsche

mit Valrhona-Schokolade und Holunderblüteneis

Für 4 Personen

Schokoladenmousse
1 Ei (50 g), 25 g Zucker
60 g dunkle Schokolade
1 Blatt Gelatine
125 g geschlagene Sahne

Holunderweingelee
200 ml Holunderblütenwein
50 g Zucker, Saft von 1 Zitrone
2 g Agar-Agar

Schokoladenbiskuit
(für Schokoladenmousse und
Kirschtörtchen)
4 Eigelbe, 25 g Zucker
150 g Vollmilchschokolade
125 g Butter, 4 Eiweiß, Salz
50 g Zucker, 60 g Mehl
etwas flüssige Schokolade

„Mon Cheri"-Kirsche
(für Schokolade und Weinteig)
200 ml Kirschwasser
75 g Läuterzucker
16 Herzkirschen, mit Stiel, entsteint
16 karamellisierte Haselnüsse

Weinteig
100 g Weißwein
100 g Mehl
20 g Maiskeimöl
20 g Zucker, 2 Eigelbe
10 g Kirschwasser
2 Eiweiß, 1 Prise Salz
8 Herzkirschen, Puderzucker

Kirschtörtchen
Pistazienmarzipan
4 Schokobiskuit-Rechtecke (wie
oben beschrieben)
20 halbe Sherry-Kirschen
12 halbe Pistazien

1. Das Ei und den Zucker schaumig aufschlagen. Die Schokolade auflösen und unterrühren. Die eingeweichte Gelatine in etwas Sahne auflösen, unter die Schokoladenmasse rühren, anschließend vorsichtig den Rest der geschlagenen Sahne unterheben.

2. Den Wein mit Zucker und Zitrone aufkochen und mit Agar-Agar binden. In eine Form gießen mit einer Höhe von max. 1 cm. Dann erkalten lassen und in Stifte schneiden, die der Länge des Schokorechtecks entsprechen.

3. Die Eigelbe mit dem Zucker schaumig schlagen. Die Vollmilchschokolade und die Butter schmelzen und unter die schaumige Eigelbmasse rühren. Das Eiweiß mit einer Prise Salz sehr steif schlagen und anschließend unter die Schokoladen-Eimasse ziehen. Danach Zucker und Mehl mischen und vorsichtig unter die Masse heben. Bei 180 °C mit Umluft ca. 11 Minuten backen. Danach abkühlen lassen, in 8 Rechtecke schneiden, in eine passende Form geben und davon 4 Rechtecke mit dem Holundergelee und mit Schokoladenmousse bedecken. Einfrieren, portionieren und mit flüssiger Schokolade besprühen oder bestreichen. Die anderen Rechtecke vom Biskuit werden für das Kirschtörtchen benötigt.

4. Das Kirschwasser mit Läuterzucker mischen und die Kirschen mindestens 2 Tage darin einlegen. Dann herausnehmen und mit karamellisierten Haselnüssen füllen. 8 von den Kirschen (den Rest für den Weinteig) in flüssige Schokoladenglasur tauchen. Eventuell mit Blattgold garnieren. Auf das Schokoladentörtchen platzieren.

5. Den Weißwein mit Mehl, Öl, Zucker, Eigelb und Kirschwasser 4 Minuten lang gut durchmixen. Eiweiß und Salz zu Schnee cremig schlagen. Das Eiweiß vorsichtig unter die Mehlmasse heben. Die Kirschen durch den Teig ziehen und in heißem Fett ausbacken. Mit Puderzucker bestäuben.

(Fortsetzung S. 124)

„Mon Cherie" von der Herzkirsche

6. Das Pistazienmarzipan in einen Spritzbeutel geben und auf den Schokoladenbiskuit ca. 0,5 cm dick auftragen. Anschließend pro Törtchen 5 halbe Kirschen daraufsetzen und mit den halbierten Pistazien garnieren.

7. Das Marzipan mit der weichen Butter und Pistazienpaste vorsichtig verrühren. Den Läuterzucker und das Kirschwasser mischen und nach und nach unterrühren. Kühl stellen.

8. Die Kirschen halbieren. Den Zucker mit Wasser zu hellem Karamell kochen, mit Portwein und Sherry ablöschen, die Zimtstange und das Sauerkirschmark dazugeben. Auf ca. ein Drittel reduzieren und eventuell mit Speisestärke binden. In den noch warmen Fond die Kirschen einlegen und mindestens 1 Tag ziehen lassen.

9. Den Holunderblütenwein mit Crème fraîche aufkochen. Das Eigelb mit dem Zucker verrühren und den heißen Fond mit der Eigelb-Zuckermasse mischen. Die Masse zur Rose abziehen und dann passieren. Nun die flüssige Schokolade dazugeben und mit Zitrone abschmecken. In der Eismaschine frieren.

10. Mit dem Fond, in dem die Kirschen eingelegt waren, auf dem Teller zwei rechte Winkel einzeichnen. Auf den Schnittpunkt des einen Winkels eine gebackene Herzkirsche platzieren und an den beiden Seiten je ein Kirschtörtchen und ein Schokoladentörtchen anrichten. In den gegenüberliegenden Winkel das Holunderblüteneis platzieren und mit einem Schokoladenstäbchen garnieren.

Pistazienmarzipan
(kleinere Menge nicht möglich)
100 g Marzipan-Rohmasse
15 g weiche Butter
10 g Pistazienpaste
35 ml Läuterzucker
10 g Kirschwasser

Sherrykirschen
10 Kirschen
100 g Zucker
30 g Wasser
250 ml roter Portwein
250 ml trockener Sherry
½ Zimtstange
170 g Sauerkirschmark
evtl. Speisestärke

Holunderblüteneis
200 ml Holunderblütenwein
175 g Crème fraîche
2 Eigelbe
75 g Zucker
40 g weiße Schokolade

Exotische Früchte mit Mokka-Mascarponecreme

und Guavensorbet

Für 15 Personen (kleinste Menge, da sonst die Qualität leidet)

Mascarponecreme
40 g Amaretto
45 g Zucker
1 ½ Blätter Gelatine
250 g Mascarpone
120 g geschl. Sahne

Mokkacreme
40 g Amaretto
3 EL Instant-Kaffeepulver
50 g Zucker
1 ½ Blätter Gelatine
250 g Mascarpone
120 g Sahne

Vollmilchschokoladenbiskuit
4 Eigelbe
25 g Zucker
150 g Vollmilchschokolade
125 g Butter
4 Eiweiß, Prise Salz
50 g Zucker, 60 g Mehl

Krokant
170 g Fondant*
100 g Glucose*
40 g Butter
40 g dunkle Schokolade
evtl. Sesam oder Kakaobohnengranulat

Guavensorbet
500 g Guavenmark
115 g Zucker
50 g Limonensaft, 50 ml Wodka

Passionsfrucht-Soufflé
10 frische Passionsfrüchte
120 g Passionsfruchtsaft
25 g Zucker
60 g Quark
3 Eigelbe
5 Eiweiß
70 g Zucker

Mokka-Mascarponetörtchen

1. Den Amaretto und Zucker erwärmen und die eingeweichte Gelatine darin auflösen. Mit Mascarpone verrühren. Vorsichtig die geschlagene Sahne unterheben und für mindestens 3 Stunden kühl stellen. Kurz vor dem Anrichten in einen Spritzbeutel mit Lochtülle füllen.

2. Amaretto, Kaffeepulver und Zucker erwärmen, die eingeweichte Gelatine darin auflösen und mit Mascarpone verrühren. Die geschlagene Sahne unterheben und mindestens 3 Stunden kühl stellen. Kurz vor dem Anrichten in einen Spritzbeutel mit Lochtülle füllen.

3. Eigelb und Zucker schaumig schlagen. Schokolade raspeln, in erwärmter Butter auflösen und unter die Eimasse rühren. Eiweiß mit Salz „cremig" steif schlagen und unter die Ei-Schokomasse heben. Zucker und Mehl vermengen und langsam in die Masse einsieben. In eine mit Backpapier ausgelegte, möglichst eckige Backform ca. 2 cm hoch einfüllen und bei 180 °C (Umluft) 11 Minuten backen. Erkalten lassen und Quadrate von ca. 5 cm x 5 cm schneiden.

4. Fondant und Glucose zu hellem Karamell kochen. Butter dazu geben und alles emulgieren und glacieren lassen. Dunkle Schokolade dazugeben, verrühren und auflösen lassen. Dann Karamell auf eine Backmatte geben und abkühlen lassen und fein mixen. Das Pulver in rechteckige Formen von 5 cm x 5 cm auf Backpapier sieben und bei 180 °C im Backofen schmelzen lassen, eventuell Sesam oder Kakaobohnengranulat darüberstreuen. Krokantpulver karamellisieren, erkalten lassen und luftdicht aufbewahren.

5. Für das Guavensorbet die Zutaten vermischen und erwärmen, dann die flüssige Masse in der Eismaschine frieren.

6. Passionsfrüchte halbieren und das Mark herausschaben. Auf ein Sieb geben und den Saft auffangen. Die Schalen für das Backen des Soufflés trocknen und beiseite legen. Den Passionsfruchtsaft mit Zucker, Quark und Eigelb schaumig schlagen. Eiweiß und Zucker cremig-steif schlagen, unter die Passionsfruchtmasse heben und die

Exotische Früchte mit Mokka-Mascarponecreme

Masse in die halbierten Passionsfruchtschalen füllen. Diese bei 180 °C (Umluft) ca. 8 Minuten im Ofen backen. Das goldbraune Soufflé herausnehmen, mit Puderzucker bestreuen und sofort servieren.

Exotic-Fruchtglas

1. Die Ananas, Mango und Papaya in kleine Würfel schneiden. Den Zucker mit Wasser und Kalamansimark aufkochen und mit etwas in kaltem Wasser aufgelöster Kartoffelstärke leicht binden. Mit dem Fruchtkompott mischen.

2. Den Litschisaft mit Limonensaft und Zucker aufkochen, das Agar Agar einrühren und durchkühlen lassen. Wenn die Suppe kalt ist, mit einem Mixstab durchmixen.

3. Die Milch zusammen mit der Sahne und den Teebeuteln langsam aufkochen und ca. 5 Minuten ziehen lassen. Erneut aufkochen. Das Eigelb und den Zucker verrühren, die Milch-Teemischung dazugeben und zur Rose abziehen. Durch ein Haarsieb passieren und abkühlen lassen. Wenn die Masse kalt ist, mit Zitronen- und Orangensaft abschmecken. In eine Syphonflasche füllen und kühl stellen.

4. Orangen auspressen und 12 Stunden stehen lassen, den klaren Saft abschöpfen, aufmixen, so entsteht ein luftiger Schaum.

5. Für das Anrichten müssen alle Zutaten des Desserts fertig dekoriert sein, wenn das Soufflé aus dem Ofen kommt, damit es nicht vor dem Servieren zusammenfällt. Für das Mokka-Mascarponetörtchen die Quadrate aus Vollmilchbiskuit anrichten. Abwechselnd kleine „Tupfer" Mokkacreme und Mascarponecreme darauf verteilen. Mit einer dünnen Scheibe Krokant belegen, darauf eine Nocke Guavensorbet setzen und mit Minze und Krokantring garnieren. Für das Exotic-Glas das Exotic Ragout zuerst in ein Glas geben, dann mit Litschi-Suppe etwas auffüllen. Denn Tee-Espuma daraufgeben und zum Schluss mit Orangenluft bedecken.

Exotic Ragout
80 g Zucker
100 g Kalamansimark
100 g Wasser
Kartoffelstärke
¼ Ananas
1 Thai-Mango
1 Papaya

Litschi-Suppe
500 ml Litschisaft
Saft von 1 Limone
40 g Zucker
2 g Agar-Agar

Tee-Espuma
300 g Milch
250 g Sahne
2 Beutel Earl-Grey-Tee
75 g Eigelb
100 g Zucker
etwas Zitronensaft und Orangensaft

Orangenluft (muss 12 Stunden ziehen)
3 Orangen

*Diese beiden Zutaten sind für die Herstellung des fast durchsichtigen Karamells notwendig. Als gängige Backzutat kann man sie meistens beim Bäcker bekommen (auf Vorbestellung).